地方自治ジャーナルブックレット No.72

脱法的〈大阪都構想〉と「大阪市」形骸化の危機

住民投票勝利の総括

高
［甲

公人の友社

はしがき

　2020年11月1日に実施された、都構想住民投票は、市民良識の勝利となったが、勝利の美酒に浸る余裕はなかった。松井一郎市長が、11月5日に条例による、脱法的都構想の実現をめざすと言明し大阪市消滅の危機が再浮上してきたからである。

　大阪都構想は、住民投票で否決され、今後は大阪府・市の関係、大都市・府県制の将来をじっくりと論議すべき時をむかえたと安堵していたが、波乱の様相となった。

　大阪市存続派の市民は、今回の住民投票勝利のため、生活を犠牲にして、手弁当でこの緊急事態に精力を傾注していった。市域外からも有形無形の支援が投入された。筆者も拙著『大阪市廃止と生活行政の破綻』（2020年4月・公人の友社）、『「大阪市廃止」悲劇への構図』（2020年9月・公人の友社）を、緊急出版し、都構想の虚構性を立証していった。大阪市廃止は、大阪市民にとって、きわめて"ふし（府市）あわせ"な結末となると訴えた。

　住民投票の予想は、賛成派が圧倒的有利であったが、最終的には反対派が追い上げ僅差で勝利した。大阪市民の方々は、大阪維新のイメージ操作に惑わされず、都構想の欺瞞性を見抜いた勝利であった。

　これで大阪市は、大阪維新の圧制から解放され、大阪府市協調による大阪市が甦るとの期待が脹らんだが、その夢も吹っ飛んでしまった。松井市長の「広域行政一元化条例」「総合区設置案」の策謀である。

　要するに都構想否決を、脱法的に形骸化する既成事実化である。法律的には住民投票を、勝つまで幾度やっても違法でないが、既成事実化は第3回住民投票で賛成が前提条件であろう。

　それでも大阪市存続派は、今後、直接請求・行政訴訟・住民投票で勝利し

ても、既成事実化されれば、現状回復は困難となる。松井市長の広域行政一元化条例は、住民投票は敗北という劣勢を逆手にとった、きわめて狡知にたけた策謀といえる。

大阪市存続派は、第3回住民投票とか、政治状況の好転といった、悠長なことをいってる場合ではなくなった。来るべき国政・地方選挙に全力で頑張っていかなければならない。

それは大阪維新は、先のダブル選挙圧勝の効果を、フルに活用し、公明党を威嚇し賛成に転向させた。法定協議会運営でも多数決で、実質的審議なしで押しきって、住民投票を遂行した事実をみても、首長・議員選挙が都構想を決めるといっても過言ではない。

さらに今日、都構想の脱法的実施がなされようとしている。この動きを黙認すれば、抜け殻のような大阪市と化してしまう。この理不尽な行為を食い止める有効な対抗策は、何か検討しなければならない。

大阪維新の会は、2020年12月9日に21市立高校府移管を市議会で可決し、さらに2021年2月には、広域行政一元化条例を提案し、一気に脱法的都構想を実施する予定であった。ただその規模を縮小し、成長戦略のみとしたが、都構想実現の策謀はあきらめていない。大阪市存続派は、このような大阪維新の巧妙な戦略にどう対応するか、再編成が迫られる。

脱法的都構想の画策で、都構想反対運動も新局面をむかえ、対抗策を練り直す事態となった。

第1のポイントは、住民投票をめぐって、どのように賛成・反対両派が戦い、なぜ反対派が勝利したかを分析する必要がある。

住民投票の影響をふまえて、今後、都構想関連条例・総合区など、なし崩し的に大阪市の形骸化をゆるせば、都構想否決の実益が消滅してしまう。

第2のポイントは、大阪都構想の問題点は、先の住民投票でも、論議は消化不良のままであり、ことに二重行政淘汰による広域行政・経済振興・特別区設置などは、賛成派市民を引き付けるに十分なテーマであった。

しかし、この虚構のロジックを、政策論の視点から再検証し、一般市民の

方々にも、いかに実効性のない幻想であるかを、明確にしなければならない。日常的持続的な大阪市存続への市民意識の浸透が有効な施策となる。

　第3のポイントは、大阪市の将来をどうするか、大都市制度改革、府県・大都市の関係、道州制などをふまえて、大都市をどう再構築していくのかである。大阪市存続派は都構想の批判に終始したが、指定都市強化の「特別自治市」という積極的スローガンをかかげて、結束しなければならない。

　第4に、性急な広域行政一元化条例・8総合区案の実現阻止が、当面の課題である。公明党が賛成で政治的劣勢にあるが、議会での論戦・市民の反対運動など、抵抗実績を残し、選挙での勝利をめざすべきである。

　大阪市存続派が政治的優位を確保すれば、すべてが好転していくことは、都構想をめぐる抗争をみてもわかる。抵抗運動もさることながら、起死回生の秘策で選挙に勝利しなければ、展望は開けない。

　そのため急いで本書の出版となったが、二重行政・経済成長・特別区財政などは、先の2冊の拙著でもふれているので概要にとどめ、大都市制度改革も割愛した。それは「広域行政一元化条例」など、当面の緊急課題に対処しなければならないからである。

　危機にたつ大阪市は、当分つづき、大阪市存続派、そして市民の試練もつづくが、がんばらざるをえない。筆者も都構想阻止のため、微力であるが努力を惜しまない覚悟である。この度も再三、無理な出版を引き受けていただいた、公人の友社の武内英晴社長に心から感謝します。

　2021年1月

高寄　昇三

目　次

I　都構想復活の懸念と広域条例・総合区案

1　都構想の脱法的実施

第3回住民投票への画策

　2020年11月1日の投票開票中に、吉村知事・松井市長・公明党幹事長の、共同会見があったが、住民投票の敗北を、どれほど深刻に受け止めているか疑問であった。

　ABCテレビのコメンテイター・木原善隆氏は、11月2日のテレビで、5年に2度の住民投票は「大阪市民に深刻な分断を生んだ責任は重い、今後、どう修復するかが大事」と、松井市長・吉村知事に自省を求めている。

　ただ現実は、戦いすんで日が暮れて、大阪市に平穏はもたらされなかった。橋下元市長は半年で退任したが、松井市長はあと2年半の任期まで、在職すると明言し、条例などで大阪都構想を、なし崩し的に実現していく心情をのぞかせたが、大阪市民の分断はさらに深まり、経済振興策も空転したままとなる。

　第1の懸念は、住民投票で都構想反対が確実となった直後、橋下徹氏は「これは市民のみなさんの判断。今後は大阪市役所の枠組みを残した上で、府庁と市役所が協調関係を築いて政策をしっかりやっていくことになるでしょう」[(1)]とのべ、3回目の住民投票は「もうないと思います」とのべていた。

　松井市長は、判断が難しい選択を市民に迫ったので、市民は悩みに悩まれた点、遺憾であったとのべたが、10年間の混迷と巨額の経費（投票費10億円）を費やした、混乱への反省はなかった。

　この 10 年間、万博誘致以外に目立った、経済振興の成果はなく、経済成長では名古屋にも抜かれ、実質的には低迷を余儀なくされている。

　しかし、松井市長・吉村知事とも、議会優位の政治的情勢を活かし、今後とも都構想・特別区・広域行政一元化などの一連の施策を、住民投票抜きで実施する意欲を固めている。

　前回住民投票では、大阪都構想推進の実働機関である、大都市局は廃止されたが、今回は 2016 年に設置した副首都推進局（職員数 81 人）は、人数は減らすが、存続させる意向である。

　第 2 の懸念は、3 回目の住民投票は、あるのかである。第 1 に、吉村知事は「やりきったという思いがあるので、僕が政治家として都構想を掲げることはありませんが、未来 10 年後、20 年後をみたとき、それはありうるだろう」[2] と、後輩に望みを託していた。しかし、実際は知事自身で都構想の実績確保をめざすつもりである。

　第 2 に、大阪維新は、大阪市を廃止しなければ、二重行政はなくならないとの先入感で、まず大阪市政の実質的脆弱化を図っていく魂胆であろう。それは大阪維新の政党存続のためにも、擬似都構想であっても、党内を引き締め、外部への威圧感を保持するための必須の手段であった。

　大阪市民にとって、きわめて"不幸せ"なことは、大阪維新が都構想にかわる、魅力ある政党ビジョンができないため、都構想を断念できず、情勢次第で第 3 回住民投票は避けられない不安である。

　第 3 に、大阪維新は、都構想を政治的信念で提唱しているのでなく、いわば党利党略の手段である。現に第 2 回住民投票では、都構想同意を条件に、公明党選挙区に維新は対立候補者をたてないと約束している。[3]

　したがってこの政治状況がつづく間は、大阪維新も自縄自縛に陥っており、都構想を容易に諦められない。しかも広域行政一元化の名目で、大阪市の公共施設・行政機関を、大阪府が合法的に獲得できるうま味は、大阪維新にとって、絶対に逃してならない行政的利権である。

　第 4 に、大阪市からみれば、大学統合・施設移管にしても、結局、大阪府

の財産となり、その費用は、都構想では財政調整財源、大阪市存続でも費用
負担金で、大阪市の負担はどっちに転んでも免れない。

　消防・港湾など大阪市の主要事業・サービスが、広域行政一元化という美
名のもとに、大阪府へ移管されれば、大阪市民にとって大阪市長の現地総合
性が破綻し、生活行政が機能不全となり、被害は甚大である。

　第4に、大阪維新の勢力延命維持装置として、第3回住民投票の可能性を、
ほのめかしながら、反対派を窮地に追い詰めるのが、松井市長の深慮遠謀の策
略であろう。歴史はくりかえすとの譬えどおり、第3回住民投票も、首長選挙・
議会選挙で優位を保持すれば、ありうると、反対派は覚悟しなければならない。

　吉村知事は、住民投票後もテレビの出演が多く、吉村知事生出演と新聞の
テレビ欄で予告され、1時間以上の独演会のようになっている。ただ気にな
るのはコロナ番組でも、都構想について、「8区合区は大阪市内部の問題で、
行政上効率化をすすめるためやる。都構想については自分はやらないが、議
員達はやるべきと主張している。ただ大阪府市一体化は、絶対必要で進めな
ければならない」[4]と、息巻いていたが、結局、松井市長と同論である。

　第5に、このような対応は問題である、住民投票の民意は、実質的な大阪
市行財政力存続を前提条件とした、府市協調型行政への回帰である。しかし、
大阪維新は、投票後も何がなんでも、大阪市廃止をめざす。その手始めが、「広
域行政一元化条例」であるが、協調路線は崩れた。

　大阪維新は、以前あった大阪会議・府市調整会議を、反対派がボイコット
したと非難しているが、当初から都構想ありきの態度で、合意形成ができる
状況になかった。広域行政一元化条例の提唱などは、だまし討ちのような背
信行為で、強権的姿勢・発想は、橋下徹ゆずりの体質である。結果として今
後も大阪市民の分断・亀裂という"不幸せ"は続くであろう。

都構想否決の形骸・空洞化

　第3回住民投票をまつまでもなく、松井市長は独特の政治感覚でもって、「広

域行政一元化条例」を提唱し、大阪市を実質的に無力化する意図である。

　松井市長は、住民投票の約半数は、大阪都構想賛成で府市連携行政は、重要課題であるので放置できない。大阪市長として、都構想の実績を実現するという論法であるが、独善的論理で一般的に通用しがたい。

　ただ現状維持という方針は、2025年度の特別区設置までは維持すると、法定協定書でさだめられている。広域行政にあっても、大阪市廃止までは現状を遵守すべきである。

　第1に、松井市長は、投票結果は拮抗しており、「大阪府と大阪市が一体で取り組みをすすめていることについては評価いただく民意が示された」(5)ので、今後も進めていくとの意向を示している。

　吉村知事も11月6日に「都構想は1ポイントの差(の得票率)で否決された。約半数の賛成派の声を尊重することも大事だ」(6)と強調している。このような論理は、僅差で惜敗した首長が、辞任せず居直っているのと、おなじ無茶な理屈でしかない。

　第2に、松井市長は11月5日の記者会見で、「大阪府と連携して行政運営している現状を制度化する方針」を表明している。

　松井市長は「都構想の対案」として「大阪市は残すけれども、府と市は二度と対立するな、二重行政をつくるなというのが住民投票で示された民意だ」と、我田引水的に解釈している。

　「人が変わっても広域一元化できる体制，ルール作りを考えたい」(7)と言明している。しかし、実体のなくなった大阪市が、名目的に存続しても、実質的都構想実現で、住民投票否決を踏みにじる、赦されざる行為である。

「都構想簡易版」の内容

　松井市長は、2020年11月10日、大阪市の事務・財源を、実質的に府に移管する条例制定を提唱した。『都構想簡易版』(朝日新聞)といわれている。なお「総合区」案は、図1のように行政区→総合区→特別区と、次第に区の権限・

財源がふえ、大阪市からの分権化がすすむことになり、大阪市の脆弱化がすすむ。

「広域行政一元化条例案」で、吉村知事は全体の 2,900 事業のうち約 430 の事務が検討対象で、仕事と財源はワンセットで、市財源 2,000 億円が府へ移管される案で、これでは都構想原案とおなじである。

簡易版の概要（図1参照）は、大阪府にとって、自己財源を全く負担せず、大阪市の財源で事業・権限が転がり込む、願ってもない改革シナリオである。

しかし、個々財産はともかく、制度改革に匹敵する変革が、市会の多数決とはいえできるのか。住民投票で都構想が否決されたのに、脱法的に都構想実現は、市長・議会の裁量権乱用で、実質的違法行為である。

法律的には議会の議決があれば、可能とされているが、都構想否決後では、政治的だけでなく、法律的にも問題である。

しかも先の住民投票は条例でなく、法律に基づく投票で、法定協議会の法定協定書にもとづく決定であり、再度の住民投票で否決されるまでは有効で、法定協定書に違反する、地方条例・行政行為は、違法ともいえる。

大阪維新は、二重行政解消を戦略要素として、住民投票敗退後も政治的優位を保持していく戦略である。砂原庸介・神戸大学教授は、3回目の住民投票はめざさないが「新たな執行部のもとで、大阪の地域政党として『二重行政の解消』を掲げて活動を継続するのではないでしょうか」[8]と危惧していたとおりの経過をたどろうとしている。

要するに松井市長は大阪都構想を、断念したのでなく、「『二重行政』のようなことが起きそうなときが正念場となります。逆に言えば、そのとき、結束の手段として都構想が息を吹き返すかも知れません」[9]と、第3回住民投票を予測している。

しかし、大阪維新の勢力持続という党利党略のため、大阪市・大阪市民が分断の渦中に巻き込まれ、大阪市政は麻痺症状に陥るのは、まさに"不幸せ"であるが、この"不幸せ"の元凶は大阪維新といえる。

橋下徹氏はテレビで、この10年間の紛争は、無駄でなかったと強弁して

図 1　都構想簡易版の概要

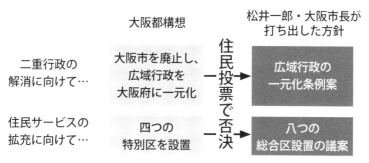

出典：朝日新聞（2020.11.14）

いるが、大阪市政は、大阪維新の威圧的行政によって、閉塞を余儀なくされ、本来の都市経営の実践は、みられない状況が 10 年以上も続いている。

　大阪市存続派としては、傍観していれば、大阪市が去勢され、第 3 回住民投票になって、勝利しても実益がないことになりかねない。

「広域行政一元化条例」の暴挙

　松井市長は、11 月 5 日の定例記者会見で、唐突に「広域行政一元化条例」を発表したが、11 月 10 日、条例内容は大阪市の事務・財源を、実質的に府に移管する条例制定をめざす方針を示した。

　具体的にどういう形態をとるのか明確になっていないが、完全移管方式は

13

抵抗もあるので、「府が市から事務委託を受ける形式が想定される。・・・・総務省とも今後協議する」[10] としている。関連の条例案を、2021 年 2 月の府市両議会に提案する方針である。

このような松井市長の動きは、大阪都構想否決効果の形骸化・空洞化を、画策する行為である。しかも民意の半分以上は、府市一元化・広域行政に反対であり、特別区設置・再編成にも反対である。そして民意は都構想、すなわち大阪市の改革は、当分、凍結である。

朝日新聞の投書も、「都構想『簡易版』はもうたくさん」[11] と、怒り心頭にはっする意見が寄せられている。[12]

松井市長・吉村知事の言い分は「住民投票の賛否が拮抗し、大阪市を残すなかで二重行政をなくすことが今回しめされた民意だ」[13] と、手前勝手な解釈をしている。

もし反対派が惜敗し、大阪市存続派の論理を主張すれば、松井・吉村氏はどう反応するだろうか、大阪市存続派は、住民投票の結果を遵守しない、不逞の輩との罵声をあびせるであろう。

しかし、大阪市は残すとしているが、実質的な重要事業・財源の府移管は、都構想実施の事前準備である。離婚判決のあった相手に、慰謝料を払わずに、事実婚を強要するような行為である。

いずれにしても無謀な行為で、憲法改正の住民投票で、核保有が否決されても、僅差であるから保有できるという、論理が通用するであろうか。

市立美術館・体育館など府に移管しても、廃止されるわけでないので、統合は合法であるというが、将来、民間に売却されても、大阪市民は文句はいえない。

消防行政も同様で、府下で都市連合消防庁を創設するのでないので、広域行政の実質的効果はない。むしろ中二階の大阪府が所管し、災害が発生すれば、総合的救助活動ができない不安がある。このような対応は、市長・府知事の共謀による、裁量権の乱用で大阪市民の生活破壊ともいえる。

公明市議団の土岐恭生副団長は 5 日の記者会見で、「条例化の考えは理解

できるが、今の大阪市を残してほしいという民意との整合性をどうあつかっていくかだ」(14) と、慎重な姿勢を示しているが、本音は賛成である。自民党・共産党は、ともに大阪維新の動きを激しく批判している。(15)

この松井市長の条例案には、大阪市存続派は、住民投票違反の条例として、行政訴訟で阻止しなければならない。しかし、事態は緊迫の度をましている。

松井市長は12月3日の記者会見で、公明党が「広域行政一元化条例」に反対する場合、公明党の現職がいる小選挙区に、維新の対立候補を擁立する可能性に言及した。

その理由は「公明党とは信頼関係があるが、信頼関係が総崩れになる時は戦う」(16) と、脅しをかけている。もっとも信頼関係というが、大阪維新・公明党が、公明党選挙区に大阪維新の候補をたてないという、暗黙の了解で、公明党の都構想賛成をとりつけたので、俗な表現では維新の脅迫に公明党が屈したので、信頼関係などはもともとなく、政治的打算の取引であった。

公明党として屈辱的脅迫に屈し議席を守るか、反対して公明党として信念を死守するか、二者択一を迫られ、重大な局面にたたされた。

もっとも賛成した場合でも、議席は安泰とはいえない。立憲民主党や令和新選組などが立候補する可能性があり、さらに公明党内部の造反が拡大する恐れがある。さきの住民投票では都構想反対が52％と過半数であり、最悪の場合、組織崩壊ともなりかねない。

反対した場合、大阪維新との対決となるが、自民党などの支援がえられるが、大阪維新の勢力が、住民投票敗退以前のままだと、議席喪失の可能性が濃厚である。公明党は大阪維新へ忠誠を示す、踏み絵を迫られたに等しい。公明党は信念に殉ずるか、党益をとって余命をつなぐかの選択を迫られたが、賛成の意向である。

脱法的都構想戦略の変貌

大阪維新は脱法的都構想の性急な実施で、無用の反発を回避するため、漸

進的成果を狙う戦略に切り替え、まず着実に既成事実化として、市立高校の府立化への路線を設定した。

　公明党は12月9日の市会で、21ある市立高校の府移管条例に、大阪維新の会とともに賛成し賛成多数で可決した。

　府移管が「どのようなメリットやデメリットがあるのか、丁寧な議論がすすんだとは言い難いが、少子化が進むなかで効率的な学校運営をすすめるのが狙いだという」(17)といわれてる。

　それならば市立高校のままでも進められるはずであり、場合によっては府立高校の市立高校への吸収合併とかも実施すべきである。

　大阪府知事は連日、コロナ禍抑制に、テレビで市民へ協力を必死で訴えているが、大阪市長は市民を分断・亀裂を深める行為を、なにがなんでもやるつもりである。これでは住民投票前と同じである。

　松井市長は住民投票で二重行政廃止の"民意"をえたと理屈をつけている。しかし、このような都構想賛成の民意を、あたかも多数派とみなす、大阪維新の無神経な対応について、大阪市存続派は、「住民投票前と変わらぬ対立に市民からは『ご都合主義』との反発」(18)が噴出している。

　要するに維新に都合がよければ"民意"となり、都合がわるければ"民意"でないとなるが、市民の意思を愚弄する対応である。(19)

　住民投票の法的拘束力について、一般的にはほとんど考慮されていない。しかし、市町村合併では自治省は住民投票を考えたが、法的拘束力を危惧して断念している。

　住民投票は世論調査ではない。10億円の公費を投入し、法定協議会の議決した法定協定書への賛否を、法律にもとづいて決定した事実を認識すれば、あとにみるようになんらかの法的拘束力が発生したとみなすべきである。

　現実は脱法的都構想によって、大阪市は朝に一城、夕べに一城と事業・権限をうしない、形骸化を余儀なくされつつある。ただ広域行政一元化条例・8区総合区政策案は、都構想住民投票否決の直後という、反対派市民の民意を踏みにじる、あまりにも露骨は強権発動であり、批判をうけて戦術の修正・

後退を選択し、一後退二歩前進という戦術となった。

　大阪府と大阪市は28日、副首都推進本部会議で、都構想簡易版を正式に決定したが、当初の都構想並みの権限・事業を府に集約する方針を、反発を考慮して、一元化は成長戦略やまちづくりなどに限定した。

　しかし、2021年2月の議会には、8区総合区案とともに、広域行政一元化条例案を提出する方針である。大阪維新は制度的には住民投票の必要はなく、議会できめられるとの意向であるが、住民投票の脱法的行為で違法の恐れが濃い。他政党の反対も根強く、自重が求められる。

　何よりも反対派市民の民意を考えると、再度、大阪市の分断の導火線となりかねない。コロナ禍の最中に決行するのかである。

　自民党・共産党は「大阪市がしっかり権限をもつべきだということが住民投票で示された民意だ」[20]と反発している。府庁内でも「市民の間に大きなきしみが生じる」[21]との懸念も強く、内容後退になったと報道されている。

　吉村知事は本部会議後、記者団に「（住民投票で）否決されたことを重く受け止める。府と市がばらばらにならずに、まちづくりと成長戦略が実行できるようにする条例案が最も適切だ」[22]と語った。しかし、それは大阪維新の理屈であり、大阪市存続でも立派な都市づくりはできる。

　また都構想で一元化の対象だった、消防・水道事業については「次の議論だ」と述べるにとどめている。

　このような漸進的都構想化でも、半分の民意を無視する行為に変りはなく、現行、府市分離・連携システムの枠組み内で、成長戦略などは実施すべきで、府市合体方式が最適と考えているが、反対派からすれば最悪の実態である。

　すでに市立高校の府立化が、議会で可決され、着々と都構想化がすすめられている。大阪維新は政治・行政状況の変動があれば、都構想化を一挙に実施しようと、虎視眈々と機会を狙っているといえる。反対派は警戒心をゆるめるべきでない。

注

（1）2020.11.2・朝日新聞。（2）20020.11.3・朝日新聞。

（3）この点について「維新と公明党が、自分たちの党勢の維持と拡大のための党利党略上の都合だけで決定されてしまったのだ。すなわち、政治学的な冷静な検討をふまえれば、まさに大阪市民不在の政治力学の帰結として決定された」（藤井聡）「『大阪都構想』は、大阪市民を対象にした巨大な詐欺である」『市政研究』208号8頁、以下、藤井・前掲「大阪市民への詐欺」）といわれている。そもそも「大都市特別区設置法」は、国政としての自民党が、大阪維新の準与党化を狙って制定した杜撰な法律で、本来ならば地方制度調査会などで、十分に検討して制定されなけらならなかったのである。

（4）読売テレビ「ニューステン」・2020.11.22。

（5）2020.11.5・朝日新聞。（6）2020.11.7・毎日新聞。（7）2020.11.6・朝日新聞。

（8）（9）2020.11.3・朝日新聞。（10）2020.11.7・毎日新聞。（11）2020.11.14・朝日新聞。

（12）川畑和夫氏は「大阪市民として許しがたい。2度目の住民投票で小差とはいえ否決された直後だ。全く理解できない。投票で示された市民の意思などお構いなしに、先のみえぬ勝つまでジャンケンを始める駄々っ子のようだ。・・・新型コロナ感染を最優先するべきこの時期に、大阪維新の会に都合のよい解釈による影響力維持の方便としか思えない施策を、許してはいけない」（2020.11.14・朝日新聞）と、反論を展開している。また朝日新聞投書欄（岩本邦夫・2020.11.24）でも「都構想と実質同じ？不誠実」との反論が掲載されている。住民投票の意味は「形としての大阪市さえのこればいいと考え、反対投票をしたのだろうか。そうでなくして、大阪市としての行政の必要性を判断したのではないか」と批判している。「大阪維新の会のリーダーでもある市長、知事には、自分たちの考えだけで行政を進めず、住民投票の結果を誠実に受け止めて頂きたい」と反省を求めている。（2020.11.10・朝日新聞）

（13）2020.11.11・朝日新聞。（14）2020.11.7・毎日新聞。

（15）自民党市議団の北野妙子幹事長は「条例案は（都構想の）協定書の中身そのものだ」と指摘し、総合区についても「（住民投票で）自分が住む行政区がなくなることへの危機感はきっちり表れた」といえる。また「否決されたばかりで、舌の根も乾かぬうちに出してきたことに非常に驚いている」と批判したが、「しっかり中身を聞いていきたい」と議論には応じる姿勢を示している。2020.11.11・朝日

新聞参照。共産党市議団山中智子団長は「大阪市がしっかり権限を持つべきだということと、24行政区への愛着が住民投票でしめされた民意だ」と主張し、維新の姿勢は「都構想の看板を掲げ続けたいがための党利党略。市民不在にもほどがある」と強く非難している。2020.11.11・朝日新聞参照。

（16）2020.12.4・朝日新聞。（17）（18）2020.12.14・朝日新聞。

（19）市立高校移管について、自民党は「（都構想に反対した）住民投票の結果を真摯に受け止め、一から再考すべき」と反論し、市立高校教職員組合は「民意に背く」として中止を求める陳情書を提出している。都構想賛成派の市民は「住民投票でしめされたのは都構想に対する判断だけ。それを政治家が『理由』に使うのはご都合主義だ」との意見で、反対派の市民は、「自分と考えの違う人の不信をあおるのでなく、自分たちの意見と違う人から学びながらつくっていくのが公共政策のはずです」とのべている。品田裕教神戸大大学院教授学は、住民投票が1ポイントの小差であったので、「50対50の結果とは普通なら何もきめられていない。過剰に意味を読み込もうとしても仕方がない」と指摘している。2020.12.14・朝日新聞夕刊参照。しかし、住民投票は選挙と同様で、僅差であっても勝利は拘束力・実効性をもつとみなすべきである。

（20）～（22）2020.12.29朝日新聞

2　総合区案と区制再編成

総合区設置案の課題

　松井市長は、「広域条例案」と同時に「総合区設置案」も発表した。8区案は検討されていた案で、「公明党が過去に提案した案である。さらに市内24区の行政区を、再編成して権限と予算を強化させたい」[1]と提案している。

　この「総合区」案は、第30次地方制度調査会が、2013年6月25日に安倍首相に提出した「大都市制度の政策及び基礎自治体の行政サービス提供体制に関する答申」において報告されたものである。

　この答申は「二重行政」を解消するため、まず指定都市と都道府県が「任意事務を中心に同種事務を処理する場合等に適切に連絡調整を行う協議会を設置し」と、協調を図っていく案を提唱している。

　しかし、融資・研究・サービス事業にあっても、各自治体が現地総合性から実施する必要・効用性は大きく、府県統合は逆効果である。府県補完の原則から市町村ができない場合にのみに限定されるべきである。

　それとともに「都市内分権」については、「人口が非常に多い指定都市において、住民に身近な行政サービスについて住民により近い単位で提供する『都市内分権』により住民自治を強化するため、区の役割を拡充することとすべき」と指摘している。

　この答申をうけて2014年地方自治法改正がなされ、指定都市都道府県調整会議の創設と「総合区」の制度化が規定された。総合区は2016年施行の改正地方自治法で、政令指定都市に導入できるようになったが、市議会の議決が必要である。ただ現在、導入している指定都市はない。

　「総合区」案の導入を検討してみると、総合区区長が執行できる事務は、地

方自治法第252条の20の2第8項で、総合区の区域に係る政策及び企画など
が列挙されている。「総合区」は全市的に設置しなくてもよく、人口規模・
面積・沿革等を踏まえて、柔軟に導入することとされている。⁽²⁾

　実際の導入となると、問題は多く個別的・選別的導入を積み重ねて、慎重
に導入する必要がある。区制改革というが、大阪維新は都構想4区案でも、
特別区財政は脆弱そのもので、区サイドにたった再編成とはとてもいえない。
8区制の総合区案も同様とみなすべきで、性急に再編成するのは問題である。

　第1に、区長は副市長なみとするとか、市会の同意人事とする案であるが、
公選でない区長では、局長とのバランスがとれない。市会の同意といっても
拒否された場合、区政の空白が発生し、市長・議会の無用の紛争を、ひき起
こすことになる。

　第2に、権限委譲でもサービス関係は問題がないが、市税・土木などの事業・
権限行政は、一定限度の歯止めが必要で、区長の予算・施策要求権での調整
とするべきである。

　第3に、全市的統一性と区域的需要との調整が必要となる。住民サービス・
市民協働分野などは、総合区に委譲するべきである。地域振興予算・民間活
動助成などは、人口配分で本庁の統制がきかない予算として、特別区の自主
性を保証することが、ニア・イズ・ベターに沿うことになる。

　「総合区」案については、大阪市では中央の動きに反応して、大阪府市副首
都推進本部が『副首都・大阪にふさわしい大都市制度（総合区素案）』が策定
され、2017年8月10日に大都市戦略会議においてオーソライズされた。

　都市内分権をなす理念からみて、のぞましい改革であるが松井市長は、「24
区制は多すぎ、一定規模に集約する法が住民に寄り添える。公明党が旗振り
やるべきだ」⁽³⁾と訴えている。

　しかし、都構想の4区案をみても、実際の対応は、効率化優先の特別区制
の実現で、身近な区政を実現する意図は感じられない。大阪維新の区政再編
成は、身近な区政といいながら、4区制巨大区制をめざすなど、スローガン
と実態のギャップは大きすぎ、信用できない。

　この公明党8区案（図2参照）は、さきのダブル選挙で大阪維新が圧勝したので、放置され死体と化した案であるが、住民投票否決後、松井市長が引きずり出してきた。公明党市議団の土岐恭生副団長は11月5日の記者会見で、「維新や自民党と協議し、検討していきたい」[4]とのべるにとどめている。

　大阪維新にしても、区政改革の本気度はなく、制度をいじることで、改革姿勢を世間にアピールする効果を、狙っているにすぎないのではないか。本気に区制再編成をする気であるならば、大都市制度のあり方から、議論を詰めなければならない。

総合区案の概要

　「総合区」はどのような区制か、副首都推進局「副首都・大阪にふさわしい大都市制度」（平成29年8月10日）でみてみよう。

　第1に、総合区の目的は、「住民に身近なサービスを区役所で提供」「地域のことは地域でできるだけ決定」、要するに「住民自治の拡充」である。「市長は、市全体の視点からの政策や経営や重要な課題に主として取り組む」ことになる。そのため総合区長は市会の同意をえて、市長が選任する。

　第2に、総合区の目的実現のため、「総合区長権限の拡充」を実施する。総合区長（特別区）は、政策や企画の立案を含め、住民に身近なところで総合的かつ包括的に行政を実施する」ことになる。

　「総合区長の権限を最大限発揮できる仕組みの構築」をつくる。同時「住民意見を反映するための仕組みの構築」を図っていく。現在の区役所（保健福祉センター含む）で実施している事務にくわえて、局から総合区に事務移管する。

　移管する事務は、「市立保育所の運営・民間保育所の設置認可・老人福祉センター・生活道路の維持管理」など、地域施設の管理運営などである。しかし、区長権限拡張は、専門機能が不可欠となり、区の大規模化か事務事業の縮小化かという手直しが迫られる。

　第3に、総合区長の権限は、「体制整備と総合区長の組織マネジメント（職

図2 総合区の設置・旧区配置状況

総合区名（仮称）	区域
第一区	淀川区・東淀川区
第二区	北区・都島区・旭区
第三区	福島区・此花区・港区・西淀川区
第四区	東成区・城東区・鶴見区
第五区	中央区・西区・大正区・浪速区
第六区	天王寺区・生野区・阿倍野区
第七区	住之江区・住吉区・西成区
第八区	東住吉区・平野区

出典：第31回大都市制度協議会 (2019年12月26日) 資料「2 本庁舎の位置」

員任免権）」「総合区長の財務マネジメント（予算意見具申権）」なで、住民ニーズが反映される区政環境を整備する。

　第4に、「住民意見を反映するための仕組み」として、総合区政会議・地域自治区・地域協議会を創設する。現在の24区役所で行っている窓口サービスは、現在の24区単位に地域自治区を設置して実施する。

　第5に、総合区案は8区制（図2参照）を想定しているが、平成28年度では、人口規模は最小36.7万人・最大38.9万人で、中核市並みの規模である。職員数は市全体1万6,400人、局1万1,600人、区4,800人であるが、総合区では局9,400人、区7,000人となる。

　予算（平成28年度）で区政費は局159億円、区82億円であったが、総合区では局58億円、総合区226億円と、区政費が3倍になる。

難問山積の総合区創設

　大阪市で住民投票直後の時点で、改革するのは市民感情を逆撫でするので、慎重な対応が必要である。都構想4特別区制が、住民投票で否決された状況をふまえて、論評をくわえてみる。

　第1に、住民投票で4区案が否決されているため、8区案でも区再編成にはちがいなく、まず区制をどうするか、基本から検討されるべきである。

　住民投票は4区案の改革を否定しており、合区についてどのよな合区がよいか、メリット・デメリットを、十分に調査する期間が必要である。

　拙速に8区案が実施され、また都構想の住民投票があり、4区案となれば大変なことになる。大阪都構想が決着がつき、事態が鎮静化するまで実施すべきでない。

　第2に、政治的に合区案は、都構想実施への地ならしとなるので、純粋な合区に市民は賛成であっても、大阪維新の主導性で実施されると、地域自治区の役員任命など、政治的思惑で任命されれば、実質的な大阪維新の親衛隊的組織の拡充となり、将来の住民投票に大きな影響をおよぼしかねない。

　まして都構想が反対されたので、大阪維新の存続を図っていくため、「広域行政一元化条例」とセットで提案された、改革案である。都構想否決でメインテーマを喪失した、大阪維新の延命的代替案で、政治的思惑抜きの純粋の区制再編成案ではない。

　第3に、「広域行政一元化条例」案と比較して、住民投票否決との関連性からみて、形式的には、脱法的要素はすくないが、大阪維新が想定するより、困難な改革施策となる。

　市民サイドからみると、8区制でも区役所が市民から遠い存在となることは確実で、大阪維新のニア・イズ・ベターの原則に反し、都構想の4区制と同様で、市民が拒否反応を明示した施策である。

　実際、実施となると、新区役所庁舎の位置をめぐって、全市的に反対運動が起こる可能性があり、IR・万博どころではなくなる。

　第4に、総合区は大阪市の総合調整・行財政執行機能との調整で、区長の権限・財源強化となる。区長を局長より上位にすえ、人事・予算・施設管理権を掌握するとなると、社会・経済・環境変動などで、区格差が拡大しても是正が容易でなく、長期化すると区政全体に影響する。

　この関係は国・府県と大都市間でも、発生する問題で、権限・責任、調整・合議機能が円滑に適用されるシステムでなければならない。市税減税・保育所認可なども、全市統一基準による処理が必要で、重要事項について本庁との合議・制限を必要とすべきである。

　第5に、大阪市の24区制はたしかに多いと批判されている。指定都市で区平均人口をみると、最大は福岡市の22万人、大阪市は11万人と半分である。しかし、京都13万人、名古屋14万人、さいたま13万人と小規模区もすくなくない。交付税は大阪市全体の算定で区財政力格差はない。

　いま急いで合区という、厄介な課題に挑戦する必要はない。なにより身近な行政に実効性のある、市民参加・活動ができる、区政に精力を注ぐべきである。

　第6に、特別区は小規模ほど、市民の利便・参加のメリットが多く、これ

からの大阪市の区政では、区と地域社会との協働関係の比重がたかまること
を考えると、従来の効率化・合理化優先の区制再編成は転機にさしかかって
いる。各区の実態を分析し、特に問題の多い区の個別合区が、のぞましい対
応である。

　第7に、「総合区」案は、地域割・権限・財源の決定など、同じ都市内の
分権に過ぎないといっても、厄介な問題をはらんでいる。たんなる財源・事
業の委譲ではすまず、課税・人事・財源の分権であり、府県・大都市関係の
紛糾と、同様事態となりかねない。

　段階的実施が穏当な改革である。新指定都市が一挙に全市的行政区を設定
することはあっても、旧5大都市は部分的合区・分区の併用など、合意形成
が得やすい方法で、区再編成を実施してきた。

　住民投票の結果をふまえれば、合区・総合区といった再編成でなく、当面、
現在の24区制で区民参加・区民協働など、地域活動の活性化の拡充策を追
及するのが、適切な対応である。

　いずれにせよ大都市制度改革が当面の課題として、指定都市がどうあるべ
きかの検討がさきであり、この基本的課題が完了した後に、「総合区」問題を
検討し実施するのが無難である。

注
（1）2020.11.6・朝日新聞。
（2）合区・「総合区」案について、阿部昌樹「合区・総合区導入の課題」『市政研究』
　　 197号参照。なお2016年の地方自治法改正については寺田雅一・浦上哲郎「地
　　 方自治法の一部を改正する法律について（上）」『地方自治』801号・下村拓矢・
　　 野村知宏「地方自治法の一部を改正する法律について（下）」『地方自治』802号
　　 参照。
（3）（4）2020.11.5・毎日新聞。

3　住民投票制度の再検証

住民投票の現状と疑問

　脱法的都構想を阻止するには、まずさきの住民投票は、制度に潜むさまざまの欠陥をそのままにして、行われたが、改めて住民投票の意義、類型、効果、効力を検証しなければならない。

　第1の課題として、住民投票の類型はさまざまであるので、すべての住民投票を、市民主権のかけがえのない権利として、安易に信奉するのは問題である。「重大な政治的決断を住民に丸投げする『住民投票』という政治的方法は『間違った政治的手法』をごり押ししたがる公権力者たちにとっては、きわめて『魅惑的』な方法」(1) と、警鐘がならされている。

　しかし、自治体行政にあって、首長・議会の行動を抑制・牽制する、住民の直接的権利を、現在の地方自治法などは認めており、市民参加・行政監視の機能を果たしており、不十分な制度であるが、市民は自主的住民投票を活用し成果をあげている。(2)

　第1のタイプは、現在の地方自治法の直接請求などである。第1に、イニシアティブである条例の制定・改廃の請求、リコールである首長・議員・役職員に対する解職請求権・議会解散請求権、監査委員に対する事務監査請求権が直接請求権として認められている。(3)

　第2に、ただ直接請求は不完全な権利で、条例案を議会に提出しても、約8割は否決されている。現行では請求は50分の1で成立するので、安易に活用されているので、議会に拒否権があたえられている。

　アメリカのレフェレンダムのように、人口規模で直接請求権による住民提案成立要件を5分の1ないし10分の1に強化し、議会が否決しても、住民

投票で賛否を決める方式がすぐれている。

　第2のタイプは、憲法・法律による住民の意思を問う住民投票である。憲法95条に規定する「一の地方公共団体のみに適用される特別法」で、いわゆる「地方自治特別法」（地方自治法第261条2）である。

　戦後、国際港湾都市とか国際文化都市とかの特別法が、住民投票に付されていたが、実質的効果は皆無であった。

　しかし、戦後の地方自治法は、特別市制を規定し、住民投票に付するとしていたが、住民投票の住民範囲をめぐって、府県・大都市が争ったが、都道府県となったので、大都市が断念している。(4)

　今回の都構想もこの種の法律による住民投票であるが、いわゆる“上からの住民投票”で、各自治体で採用されている“下からの住民投票”とは異質である。

　第3のタイプは、条例などにもとづく、自主的住民投票である。近年の動きは、住民による、“下からの住民投票”である。自主的住民投票は、いずれも活用されて、おおきな成果をおさめている。

　市町村合併・原発・米軍基地問題など、首長・議会の決定について、重要事項であるから民意を問えという、要請に応えた自主的住民投票がひろがっていった。実際、首長推進・議会多数の事案が、住民投票で否決され断念されている。

　このような住民投票活用の実態からみると、松井市長の「広域行政一元化条例」などは、住民投票で決定された多数決が、行政サイドによって否決される、まったく逆の現象である。

　「都構想の『骨格』と重なるところですから、本来は公約に掲げて選挙で民意を問うべき」(5)と批判されている。今後は「都構想のようなトップダウン型の住民投票ではなく、一定数の署名を条件にした、市民発の住民投票を実施してみるのはどうか」(6)と提案している。

住民投票の政治・法的効力

　自主的住民投票は、全国的なひろがりをみせているが、実際の運用をみると、第1の課題として、自主的住民投票は予想以上の成果をあげている。それは実効性からみても、上からの法律にもとづく、住民投票の投票効果と比較して、自主的な条例による、下からの住民投票がすぐれているからである。

　第1に、合併型・重要争点型に区分されている。注目すべきは、争点型で住民運動が発生しても、必ずしも住民投票へはいかない。神戸市の空港建設をみても、反対運動に市長が敏感に反応し断念したが、再度の建設は反対運動があっても実施するという極端な対応であった。建設するかどうかでなく、まず住民の意見をきく機会が必要なのである。

　法律で定める法律型と条例で定める常設型住民投票がある。個別型住民投票として、必要に応じて実施する場合もある。[7]

　第2に、注目されるのは重要争点型で、「投票結果には尊重義務が生じるが、法的拘束力はないものだけである。しかし、ほとんどの事例で投票結果は尊重されており、投票結果には強い法的拘束力が生じている」[8]のである。

　長野県佐久間市の文化会館建設（2010年11月）、茨城県つくば市の総合運動場建設（2015年8月）は、中止となっている。徳島市の吉野川河口堰建設（2000年1月）は、国の大型公共事業が中止となっている。このように法的拘束力はないが、住民投票は活発に行なわれ、実質的結果を確保している。

　第2の課題は、むしろ問題は、特別法による住民投票の効力である。第1に、住民投票の効力である。特別区設置は、法定協定書を作成し、総務大臣に協議し関係自治体の意見をきき、法定協定書を議会で議決し、住民投票に付さなければならないと定められている。

　しかもその効力は、法律にもとづく住民投票であり、地方条例より上位の法的効力を有するはずであるが、特別区設置法は明記していない。それは特別区設置法が、政党提出の杜撰な法案であり、政府自身も関心はなかったた

めである。(9)

　そのため法律としては、多くの欠陥がみられるが、脱法的都構想実施は、実質的に住民投票効果を無視する行為であり、政治的のみでなく、法律的にも請求・訴訟といった手段を活用し、阻止していかなければならない。

　第2に、法律・条例にもとづく、行政処分の効力について、その公定力・不可変更力、すなわち実質的確定力がみとめられている。(10)

　住民投票は行政庁にかわって、住民投票は特定の行政処分・法令制定でないが、政策全体を対象とする包括的処分であり、当然、拘束力があり、その決定に反する行為は違法とみなすべきである。

　第3の課題は、広域一元化条例をどう阻止するかである。政治的に解決してくれれば問題はない。まず大阪市議会で否決、または審議未了で棚上げし、合区案で妥協する選択である。

　妥協案が駄目であれば、法的手段であるが、未知の分野の住民争訟・行政訴訟となり、勝訴はおぼつかないが可能性は小さくない。

　差し当たって無難なのは、広域行政一元化条例反対条例の制定をめざす、直接請求権行使である。当然、市議会は否決するが、社会的には広域行政一元化条例の不当性が、政治的糾弾の対象となるだろう。

　第1に、さきにみた地方自治法の直接請求権による、条例廃止請求であるが、議会が否決すれば行政争訟となるが、多くの困難な課題がある。

　ただ議会が制定した条例・首長が実施した行政行為に対して、住民は直接請求権を提起し、勝訴しているケースがすくなくない。

　第2に、法律と条例の一般的関係をみると、「『横出し』『上乗せ』条例論などの論議を経て、自治体の自治立法にもとづく政策領域が拡大し、国が行っていない『情報公開条例』『個人情報保護条例』などが相次いで制定した」(11)といわれている。

　しかし、これらの条例も法律の拘束力によって、違法判決をうけている事例が多くみられる。ただ法律にもとづく住民投票と条例の関係の判決はなく、この度の特別区設置の住民投票と広域行政一元化条例と関係がどうなるか未

知数で、司法判決を待つしか仕方ないであろう。⁽¹²⁾

　第3に、直接請求権の条例違法が困難な場合、広域行政一元化条例が、大阪市の財産を大阪府へ違法譲渡であるとして監査請求をして、それでもだめな場合、住民訴訟（地方自治法242条の2）で差止請求をするかである。

　明確な財務違法行為ではなく、津地鎮祭違憲訴訟（最高裁昭和52年）、田子の浦ヘドロ訴訟（最高裁昭和57年）など、政治的色彩の濃い訴訟が財務行為を理由としてなされている。

　いずれにしても住民投票の効力を、どう判断するかである。しかし、住民投票の脱法的行為が容認されるようであれば、法治国家としての秩序が崩壊するのではあるまいか。

住民投票システムの改善

　住民投票は都構想反対派の勝利となったが、制度・システムとして多くの欠陥をそのままにして、欠陥法で住民投票で賛否を問えば、住民真意とはかけはなれた結果となる恐れがある。⁽¹³⁾

　現に今回の住民投票でも、特別区設置法が適正な法律で、反対派の意向にも配慮する内容であれば、大差で反対派勝利となったかもしれない。

　第1に、基本的認識として、住民投票は住民参加の直接民主主義を担保する重要な制度とみなされているが、従来から批判されていたのは、レフェレンダムといっても、その形態によって、住民主権を脅かす支配システムとなることである。

　ことに「下からの住民投票」はともかく、「上からの住民投票」は問題が多い。それは行政サイドが、実質的に優位にたち、住民の意向を操作し、賛成を成立させる危険性で、専門的には「プレビシット」といわれている。⁽¹⁴⁾

　都構想住民投票でも、大阪維新は首長を掌握していたので、公費でもって都構想メリットだけを説明し、行政本来の使命である都構想のメリット・デメリットの説明を怠ってしまった。

　第2に、第2回住民投票が、なぜ可能となったかである。「知事・市長の
ダブル選で都構想を公約に掲げて勝利した」からとの理由をあげているが、
市民サイドは「一度目の反対がなかったことになっている」⁽¹⁵⁾と不満を漏
らしている。

　住民投票はないと想定し、大阪維新の行財政改革に期待したので、再度の
住民投票は想定外であった。要するに住民投票の拘束力は、投票成立の瞬間
に失効し、翌日、住民投票を実施してもよいのかである。

　再度の住民投票には、相当の環境変化が必要で、大阪維新のいう首長選挙
で勝利したという政治状況の変化でなく、第1回住民投票の効力を否定する、
人口減少・行政力衰退・財政赤字など、社会・経済・行財政変化で、政治情
勢の変化は、該当しないのではないか。

　重要争点型の住民投票は、高速道路・環境センターなどは幾度も投票が可
能であるが、否決の事業を再度、住民投票するには、事態の切迫性・環境の
変化、設計の変更など、住民投票の必然性がなければないらない。

　4特別区案廃止にかわって、8区総合区案は、区制再編成であり、それな
りの事前調査・住民説明によって、市民合意の確約が必要であろう。

　第3に、住民投票が単純な多数決で、投票率も問われないが、大阪市の市
営地下鉄やバスを廃止する議案でさえ3分の2議決なのに、なぜ、大阪市の
廃止の議決が、過半数議決なのかという問題が、提起されている。⁽¹⁶⁾

　地方議会の議決でも、地方公共団体の事務所の設定・変更（4条3）は、出
席議員の3分の2、請求に基く主要公務員の失職（87条）は3分の2以上が
出席し、4分の3以上の同意となっており、住民投票の決定は、議会の3分
の2の議決が必要であろう。

　また議会が過半数議決であるならば、住民投票の議決が5分の3以上など、
過半数よりきびしくすべきであろう。ことに住民投票の決定が、不可逆的な
大阪市廃止のケースは、死刑宣告と同様であり、単純な過半数は不当といえ
る。

　このような事情を考えると住民投票の決定は、「とくに一度変更すると問

題が生じても元に戻しにくい巨大な制度やシステムについて・・・3分の2や60％超などより明確な票差で、変更が可能とするべきではないか」[17]と、改善の必要性が提示されている。

　第4に、住民投票に関する説明が、不十分かつ不適切である。大阪市からの広報・説明会はメリットばかりで、デメリットがない。

　大阪維新の戦術は、吉村知事の政治手法・コロナ対応が好印象をうけているので、住民投票もこの手法でという戦略であった。そのため住民説明会などは、お座なりで、大阪都構想の宣伝の場でしかなかった。

　「知事を支持することと都構想を支持することは全く別。公正な情報を基に判断して票を投じたい」[18]という市民もいるが、大半の市民は、都構想が「よくわかない」状況に放置されたままである。

　今後、法律にもとづく住民投票の説明会は、選挙管理委員会とか第三者委員会とか、行政の中立が担保されるシステムが必要である。

　第5に、住民投票の運動は、公職選挙法に比較してかなり自由であるが、各政党が政党助成金などを流用するなどの禁止規定も盛り込む必要がある。おおくの場合、行政サイドは首長の選挙公約の実施という名目で、公費をつかって、運動が展開されるが、住民サイドは自費での運動が大半であり、このハンディを是正しなければならない。

　たとえば合併問題が自治体の公約であっても、住民は必ず賛成・反対派が存在しており、公費の活動は禁止し、住民投票の判断材料のデータ提供だけに止めるなど、一定の制限をして、投票する住民相互の運動だけとするべきである。

住民投票制度設計の変更

　住民投票については、制度設計を、根底からみなおす必要がある。住民投票は日本の自治体で次第に定着しているが、1996年に新潟県巻町（現・新潟市）で条例に基づく住民投票が初めておこなわれて以降、全国で少なくとも427

件の住民投票がおこなわれている。

多くは市町村合併に関する住民投票である。制度的には住民の直接請求による住民投票があるが、議会への要求で可決が必要である。

要するに下からの住民投票の壁は厚い。しかし、自主投票だけでなく、法律による住民投票も、制度・運用をみても未成熟で改正が必要である。

第1に、現行の住民投票は、投票結果の拘束力が曖昧である。この度の「大都市地域特別区設置法」による住民投票は、法的拘束力があるのか、不明である。直接請求権の解職請求は選挙・当選・選任後の1年間は請求できないと定められている。

都構想でもその次の住民投票で、否決されるまで有効とするか、議会で4分の3の否決があるまで有効とするか、なんらかの規定が必要である。実質的都構想となる以後の行政行為は、禁止されるべきである。

また住民投票が成立し、大阪市が廃止になっても、以後、永久に復活は不可能というならば、否決された場合の再度の住民投票は、一定期間は禁止すべきである。

市町村合併では、合併後、分離独立のケースが多くみられる。一方、道州制での府県廃止、指定都市復活は、道州制設計の如何によっては可能である。大規模行政団体の道州制では、特別区相手の府県のような指導・監督は事実上不可能で、大都市設定となるのではないか。しかし、道州法は成立は困難で、大阪市復活はないことになる。

第2に、投票課題については、賛否の判断材料を提示する責務がある。成蹊法科大学院武田真一郎教授は、「都構想住民投票のように、住民が求めたものでない『上から降ってきた投票』は、議論が深まらない可能性がある。専門家でも意見がわかれるような複雑なテーマなので、賛否両論の丁寧な説明が必要だ」[19]とのべている。

第3に、住民投票結果の脱法的実施を、どう阻止するかの問題がある。当面、直接請求権の条例改廃監査請求、2つ目は「住民監査請求」（地方自治法242条）である。課題として大阪市の文化・体育建設が無償で大阪府へ移管されてい

るが、本来、有償譲渡であるべきで監査請求・住民訴訟となりうる。

　公金支出に関する訴訟は、行政執行部の公正性・適法性を争う住民訴訟が多い。より単純なのは松井市長へのリコール（解職請求）である。

　都構想反対派としては、直接請求権の行使、行政訴訟などで大阪維新の脱法的行為に揺さぶりをかけ、住民運動で阻止をねらうことが有効である。

　政治的には指定都市・隣接都市などと連携して、大阪市存続・指定都市拡充のための戦略的会議を創設し、今後の大阪市存続の世論形成・戦略策定を強化していくことであろう。

注
（1）（藤井聡「『大阪市住民投票というテロル』を検証する」『市政研究』188 号 34 頁。
（2）住民投票については、今井一『住民投票』、高寄昇三『住民投票と市民参加』・『市民自治と直接民主制』参照。
（3）直接請求権の実施状況について兼子仁『地方自治』36 〜 74 頁参照。
（4）戦後地方自治法の特別市住民投票をめぐる論争については、大都市制度史編さん委員会『大都市制度史』281 〜 340 頁参照。宮澤俊義・長野士郎・『注釈日本国憲法』などは住民は当該大都市と解釈していたが、宮澤俊義は法律で府県住民と定められればそれも合法とみなしている。
（5）（6）今井一・2020.11.24・朝日新聞夕刊。
（7）武田真一郎「住民投票による意思決定の現状」『市政研究』195 号参照。
（8）同前 8 頁。
（9）特別区設置法の制定背景について「この法律が真の地方制度改革として立案されたものでなく、国政選挙がらみの思惑に基づく議員立法だったという点に尽きるだろう。端的にいえば、衆議院の解散総選挙が予想されるなか、共産党と社民党を除く 7 会派が国政進出を狙う大阪維新の会に」配慮した結果なのだ（薬師院仁志「現在時点であらためて問う大阪市住民投票の意味」『市政研究』195 号 31 頁）といわれている。
（10）たとえば農業委員会が下した買収取消は、さしたる事情変更がないのに、買収処分はできないとの最高裁判決（昭和 42 年 9 月 26 日）がある。田中二郎裁判官は行政処分は判決と同様の既判力（実質的確定力）が生じるとの見解である。『別冊ジュリスト・行政凡例百選 I』（第 92 号・1987 年 5 月）144・145 頁参照。
（11）天野巡一『自治体政策と訴訟法務』83 頁。

（12）「飯盛町旅館条例」最高裁違法(昭和50年9月10日)、「伊丹市教育環境保全条例」神戸地裁合法（平成5年1月25日）、「宝塚市パチンコ店建築条例」一審・二審違法・最高裁却下などおおくの事案があるが住民投票との関係でない。同前84〜107頁参照。

（13）大阪市廃止・特別区設置構想も、住民投票で否決されたが、まったくの僥倖であり、制度改善が急務である。現行の特別区設置法の問題点については、武田真一郎「『大阪都構想住民投票』に関する一考察」『市政研究』188号参照。

（14）この点については薬師院仁志「住民投票の危険性」（『市政研究』208号）参照。

（15）2020.10.18・朝日新聞。

（16）柳本顕「法定協議会における議論への懸念」『市政研究』197号33頁参照。

（17）中野吉宏・2020.11.10・朝日新聞オピニオンフォーラム

（18）（19）2020.10.18・朝日新聞。

II　大阪市存続派勝利の図式と波紋

1　住民投票勝利の要因

反対派勝利の方程式

　脱法的都構想実施・第3回住民投票への有効な対抗策・運動力を強化していくには、第2回住民投票の薄氷の勝利を検証し、大阪市存続の戦略を練り直さなければならない。

　大阪市存続派勝利の要因は、何んであったか。存続派の住民投票への対応は、政党・団体・市民もばらばらで、理想とする市民連合も実現しなかった。このような支離滅裂の状況で、勝てるほうが不思議なぐらいであったが、現実には勝利がころがりこんできた。

　勝利の第1の要因は、存続派は、大阪市存続が市民生活維持に不可欠であること、特別区の行財政能力が脆弱で、ことに特別区財政の将来推計が杜撰で、住民サービスが十分にできないと、警鐘をならしていった。

　要するにネガティブキャンペーンであったが、市民の感性に強く共感をよぶことになった。

　第1に、都構想虚構性の周知徹底である。大阪維新が提唱する、大阪経済の振興・公選区長の生活拡充は、妄想にちかいスローガンであったが、大阪維新はダブル選挙のイメージがあり、大阪市民をイメージ操作で、幻惑できると過信していた。

　しかし、新聞・テレビ・SNS などの情報ネットワークで、都構想の実像が

浮彫りになるにつれて、制度改革のデメリットがわかり、市民は反対への踏ん切りをつけていった。

第2に、大阪都構想による都制の欠陥である。大阪維新がめざす都構想は、東京都制であるが、大阪維新が賞賛するほど、地方制度としては魅力的でない制度であるとわかってきた。

さらに大阪の場合、経営形態論の高尚な理論よりも、存続派は政令指定都市大阪市廃止は、おおくの制度上の特権喪失となり、市民サービスの劣化を招くという、利害論から市民不安が募り反対への決断をうながした。

野合批判回避作戦

第2の要因は、反対派連携・連合方式でなく、個別独自運動を選択した。第1に、さきの市長選挙では、大阪維新対既成政党という対立構図で、反対派は理念なき野合として、格好の攻撃標的となったので、大阪維新の批判をかわすため、自民・共産党は、独自選挙を選択した。

ただ自民党では「府連が8月に反対方針を議決した後も、府議5人は府議会で都構想の制度案に賛成票を投じた。都構想が実現すると、大阪市がもつ多くの権限が府に移り、府議の権限も増すことが背景にある」[1]からであった。

第2に、中央にあっても「官房長官だった菅義偉首相が『(自民と共産の連携は)全く理解できない』と批判。これを気にして自民府連が今回動かなかったためだ」[2]といわれている。

そこには菅首相の自民党への無言の圧力があった。「無派閥で自民党内の基盤の弱い首相にとって『生粋の菅派』(維新幹部)という勢力は頼りになる存在。その求心力が下がるような事態は避けたいのが本音」[3]で、自民府連にとって、党本部の支援がうけられない逆境にあった。

第3に、政治勢力を競う一般選挙でなく、住民投票は個別テーマをあらそう政策選択であり、自民・共産党が連携しても、なんらの不都合はない。し

かし、維新の野合攻撃を回避するため、安全な単独・個別方式の採用となった。

　結果として、自民党では議員・党員に縛りをかけなかったので、反対票を多く生んだ要素であった。先のダブル首長選挙では、共産党が候補者をたてず、自民党候補の支援にまわった。

　そのため「野合」と維新から非難され、自民党支持者の5割が維新に投票し、惨敗をきっしたが、今回は自民党支持層の67％が、都構想に反対票を投じた。要するに維新が得意とする、「仮想敵国」攻撃を無力にした。

　第2に、残された選択肢は、大阪市存続の旗印のもとに、広汎な市民層結集をかかげる戦術が、ベストであった。

　しかし、反対派市民もまとまることなく、勝手連で運動を展開していったが、かえって個々の団体・グループの熱意は高く、的確に市民層をえらんで、訴えに成功していった。要するに政党利害や団体対立といった阻害はなくなり、自主的な活動であったので、市民への浸透力を発揮していった。

　注目すべきは、特定の企業・労組・団体によって、動員された個別団体・グループの連携でなく、個別地域の自主活動であったことは、地域民主主義として高く評価されるべきである。

草の根地域主義

　第3の要因は、草の根地域主義の活動である。もし政党対決が主要戦場と化していれば、反対派の敗北は確実であった。

　しかし、都構想に関する説明会は、市が主催する住民説明会を含めて、賛成か反対かに偏った説明会がほとんどで、そのため市民は自主的活動をし、都構想の実態を学習せざるをえない事態となった。住民による地域集会で、賛否双方の意見を聞く集会が多く開催された。

　たとえば環境保全のNPO法人「ＡＭネット」で、賛成派の大阪維新・公明党、反対派の自民党・共産党の市議5人、10月27日に淀川区の自敬寺に地域住民ら約50人があつまって、各党の賛成・反対の意見を聞き、質疑応答をお

こなった。参加した市民は「賛成と反対、両方の意見を知りたかった。こういう機会がもっと増えてほしい」[4] という感想であった。

　主催した武田かおり事務局長は「都構想は地方自治の大改革なのに、市の広報に書いてあるのは都構想のメリットばかりで、デメリットがない。市民のための判断材料になっていない」[5] と指摘している。

　「西淀川区地域振興会」も、9月19日に住民説明会を開催している。府議・市議にくわえて市の担当職員も招き、地元住民約70人が参加して行われた。大垣純一同振興会会長は「行政の説明会のスタートが遅いし、行政の発信は都構想推進に偏っているので、住民が賛否両方の主張を聞ける機会をつくりたかった」[6] と、さきのNPO法人と同様の感想である。10月10日に2度目の勉強会を開く予定である。

　こうした住民自身の説明会によって、都構想へのメリットが低落し、大阪市廃止・特別区への分割へのデメリットが増幅されていった。

空中戦より塹壕戦

　第4の要因は、選挙戦はコロナ禍で地域活動のウエイトが大きくなり、大阪維新の豊富な政党資金による、イメージ戦略は目算が狂った。

　本来、争点がはっきりした住民投票は、塹壕戦より空中戦が有効であったが、大阪都構想は、テーマそのものが曖昧であったので、塹壕戦が有利となった。大阪維新・自民党も、テレビでの宣伝を実施したが、イメージだけでは市民の決断の決め手とはならなかった。

　選挙戦術をみると、第1に、選挙がイメージ戦から制度改革をめぐる政策論へと変貌していったことである。

　たとえば電化製品は、有名企業の製品は性能を信頼して買えるが、性能が問題であるときは、具体的説明が必要となる。都構想は市民にとって、イメージで購入するには、性能が不安であった。

　ただ存続派は、選挙戦をつうじて、都構想の制度論・維新の施策論で対決し、

勝利したのではない。選挙運動は非難応酬に終始したが、市民の感性・感覚は、都構想という海のものとも山のものともわからない代物より、大阪市の廃止・特別区の分割という現状変革に、不安要素を感じとった。

大阪維新が、都構想をいくら説明しても、政策的に欠陥が多い構想は、イメージを現実に実効性ある改革として、市民を納得させることは不可能であった。

住民投票勝利の一報をうけて、記者会見にのぞんだ、自民党幹部は「実感なき勝利」「不思議の勝利」（毎日新聞）と、偽りのない実感を表明しているが、勝利の要因を探りかねた。

第2に、政党も市民も独自選挙の実践であった。自民・共産党も、市議が地元区で、反対層の掘り起こしという、塹壕戦を展開した。自民党幹事長の北野妙子氏が、自転車で一人、地元で市民への説得をしている様子がテレビでながれたが、市民にとって感性が揺さぶられる光景であった。

従来から地域との絆が強い自民・共産党であったので、イメージ戦での不利を、地域掘り起しという伝統的手法で、挽回をよぎなくされたが、結果として勝利に貢献する着実な戦術になった。

大阪維新失策の連鎖

第5の要因は、大阪維新の失策である。第1に、政治情勢における公明党の都構想への賛成、吉村知事の人気・ダブル選挙の大勝などで、住民投票での勝利を過信した。

第2に、住民説明会・宣伝パンフレットの過剰なメリット強調である。維新は自己宣伝に心酔し、丁寧な説明努力を惜しんだ。

第3に、松井市長の言動は、反対派への誹謗中傷が多くみられた。さらに強硬に自己主張を展開した。都構想の実態について、特別区財政でも最後まで、黒字財政を主張しつづけた。

自民党幹部は「橋下徹（維新代表）さんは、素直にリスクも語ったが、維新

は今回は『デメリットがない』と言い続けた。市民はそこにうさんくささを感じたと思う」[7]と推測している。要するに反対派は「維新の自滅」（毎日新聞）という敵失で、勝ちが転がりこんできた。結局、松井市長の反対派への容赦ない非難は、市民の心象を悪くした。

　第4に、大阪維新は、政策的施策的にみて、大阪市廃止の効果を説明できなかった。選挙戦として首長・議員選挙と、住民投票は異質であるとの認識も不十分であった。吉村知事支持者でも反対派がみられた。

　第5に、選挙管理委員会・財政局の意図せざる行為が、反対派への隠れた影響力を及ぼした。大阪維新の強権・高圧的行政でも行政部局を完璧に牛耳ることはできなかった。

　第6に、自民党にも問題が残された。都構想に取って変る対案を示せなかった。「近隣自治体と連携し、新しい技術を育成して成長を遂げる」[8]との提言にとどまっている。

　反対派は、住民投票に勝ったが、府市議員数をふやさなければ、いつまでも大阪維新の圧制に苦しむことになるが、「維新政治の次のかたちを自民が提案できるのか。新しい政策を打ち出せなければ、支持は得らない」[9]と批判されている。

注

（1）〜（3）2020.10.13・朝日新聞。
（4）〜（6）2020.9.28・朝日新聞。
（7）〜（9）2020.11.4・毎日新聞。

2　都構想挫折の反応と対応策

否決の各分野への影響

　都構想挫折・大阪市存続は、関係分野でどう受け止められたか。第1に、菅首相の反応は、11月4日の衆議院予算委員会で、「大阪の取り組みは大都市制度の議論に一石を投じたものだった。地方を元気にするため様々な議論を後押ししていきたい」[1]と語るにとどめている。

　今後、大都市制度が政府でどうとりあげられるか、未知数であるが、大都市サイドは議論を深めていく必要がある。

　菅首相と松井一郎市長は、周知の親密な関係にあり、公明党にくわえて日本維新の会も与党勢力として、憲法改正に必要な3分の2の国会勢力確保の目算としていたが狂いだした。

　大阪維新も差しあたって、次の衆議院選挙で、大阪維新の全国政党への飛躍の道がどうなるかで、住民投票否決は痛手となった。

　第2に、大阪府庁サイドは、「一部OBは都構想反対だったが、府庁職員の多くは残念に思っている」[2]といわれている。「大阪市が財源が豊かで府と同等の権限をもつ大阪市が残ることへの不満で、・・・府と市町村はどこでも頼ったり頼られたりの関係だが『大阪市』にはそれがない」[3]との潜在的不満があった。

　しかし、大阪市にしてみれば、府市共同事業といっても、貧乏くじをひかされるのは大阪市で費用負担とか府の下請け事業とかになりかねない。行政団体間の関係は、それぞれの自治体が、あるべき責務を十分に果たすいう意向がなければ、協働事業は円滑にいかない。

　一方、「これまで都構想がどうなるかわからないので市側と付き合ってきたが、府庁には『否決だったので市側とおさらばしましょう』と言う職員もいる」[4]と、

府サイドの姿勢転換の好機とみる向きもある。

　大阪府の潜在意識としては、「大阪市の政令指定都市として特権意識とか巨大な 1.8 兆円という財政規模、さらには港湾・交通・都市開発などの事業実績、さらには大阪府の中心に位置する人口 270 万人の自治体という存在は、府政の円滑な実施には目障りな存在で、隙あらば弱体化・脆弱化を図っていきたいという意向を抱くのは無理のないこと」⁽⁵⁾と、容認されている。

府市の意識ギャップ

　大都市サイドからみると、このような府の意識は、身勝手な被害妄想でしかなく、大阪市サイドとしては、府集権主義の越権行為としか映らない。

　第 1 に、大阪市が中心都市として経済振興・都市整備・生活行政を分担してくれるので、大阪府は府全体として施策・事業展開ができる有利な状況にある。

　おおくの県では、中心都市といっても非力で、県が都市振興・整備、さらに生活文化行政も実施しなければならない。貧困な県財政がますます悪化する事態となっている。この点、大阪府は大阪市から多くの府税を徴収でき、市への還元率は少なくてすむ、恵まれた環境にある。

　大阪府の不満は、大阪市が苦労して大都市の都市問題を解決している事実を見落としている。大阪市を特別区に分割すれば、特別区には対応能力はなく、大阪府が対処するにしても、監督官庁の府ではかなり困難である。大阪市サイドとしては、府本来の広域行政に全力を傾注すべきで、得手勝手な府県集権主義にかられて、大阪市への介入には深層心理として反発が強い。

　第 2 に、府県の機能は、広域・専門・補完・調整行政が基本的であり、市町村が十分な行政実績をあげられない場合、府県行政の出番となる。このような行政団体間の暗黙のルールを無視し、なんでもかんでも府県が実施するという意識では、府県・市町村関係はこじれる。

　本来の府県機能をおろそかにして、府県がしたい行政だけをやるようでは、全体として地域行政が円滑にいかない。コロナ禍行政でも、中核専門感染症病

院は府が設置すべきであるが、市立・大学病院などに依存している。都市自治体は保健所行政に忙殺されており、府が医療機関の主力をになうべきである。

　第3に、大阪市サイドからは、常に府県の許認可行政に悩まされ、広域行政の名目で費用負担を強要される、理不尽な行政介入に腹立たしい思いである。同じ地方自治体でありながら、監督官庁として君臨している府県への不満が蓄積されたままである。

　政令指定都市といっても、中央政府は府県経由方式で地方支配をしており、府県は親藩であるが、大都市は外様で、劣位に甘んじている。府県・大都市の相互不信のマイナスの連鎖を、どこで断ち切るか、府市双方の被害者意識過剰が原因である。

　しかし、地方自治法の「大都市・都道府県調整会議」の活用といっても、現在の状況は、大阪維新が府市首長を掌握しており、なれ合い行政が行われ、府市協調路線と美化されているが、大阪市の犠牲での協調である。

　第4に、大阪都構想というが、東京都・特別区関係と異なり、都市行政の実績がない。広域大阪府と分割特別区で、大阪市なき状況で大都市行政ができるのか。むしろ大阪府・大阪市の二人三脚方式の方が、実効性があるのではないか。

　阪神大震災復興をみても、政策面は兵庫県、事業面は神戸市、全震災区域対策は兵庫県、地域事業・施策は都市自治体という、機能分担金方式で、短期かつ効果的復興事業を遂行している。

　なお、都構想挫折の影響として、大阪市役所サイドは、「大阪市役所が解体を免れたので安堵の声が広がり、喜んでいない人はいない」「自分が就職したのは大阪市。プライドがある」(6) という感情が偽りのない心情である。

　市幹部OBは「特別区移行の作業で後輩たちが大変な思いをせずに済でよかった」(7) と、かっての職員への思いやりをのべている。

　なによりも憂慮されるのは、特別区になれば、行政力学からみて、特別区の中枢部に府職員の天下りがひろがり、特別区が、府県のように自治体として、去勢されるのではないかという危惧がある。

　関係地方団体首長の感想は、府県と大都市では対照的であった。まず府県では、

井戸敏三兵庫県知事は「大阪都が東京に対抗する西日本の拠点として活動することが、日本の発展に望ましいと考えていた。残念なことになった」「住民投票で二分された大阪を今後、ノーサイドでどう未来の発展につなぐか。兵庫もふくめた関西地域の連携がかかせない」(8) との考えを示した。

　三日月大造知事は「大阪府・市に東京一極集中の是正に向け、大阪に期待する声は多くあるだろう。関西の活性化に向けて、さらにリーダシップを発揮して」(9) とエールを送っている。

　しかし、近畿は１つでなく、１つ１つという状況がつづいている。それは大阪市が近畿圏で、東京都のように圧倒的経済力を有する地域でなく、競争関係にある地域であるからである。広域連携はかなりむずかしい。

　大都市サイドの感想は、門川大作市長は、「京都府と京都市の二重行政を解消するとして、市域内の権限を全て市にうつす特別自治制度創設」(10) を主張している。そのため「引き続き、政令指定都市の市長会などで議論していく。国民的な議論の盛り上がりが必要だ」(11) と主張している。神戸市長も同様の特別自治制の創設をめざすべきとしている。

　中央集権システムのもとでは、府県に市町村支配の特権が付与され、その存在は優遇されている。

　新型コロナへの対応にあっても、府県知事は脚光を浴びているが、都市自治体は、保健所行政・病院運営にあっても、縁の下の力持ちで、日の当たらぬ行政苦労を背負わされている。

　このような現状を脱皮し、都市自治体の自主性を強化し、基礎自治体の行財政課題を、政府に直接訴える権限を、確保しなければならない思いが強いのは当然である。

　各自治体の反応をうけて、「対話と調整」の重要性が強調されている。(12) しかし、これまで大阪府市は大阪会議など協議の場を設定したが、物別れにおわっている。そして住民投票後の松井市長の広域行政一元化条例の提唱であり、問答無用の越権行為である。

大阪市民の多様な感慨

　一般市民の反応はさまざまであった。賛成派は「せっかくの成長の機会を逃してしまった」「今は知事と市長が協力しているが、そうじゃなくなったらまた府と市がバラバラの運営になる可能性がある。仕組みを変えた方がよい」[13] と、制度改革の必要を訴えている。

　「都構想は（府市）両方のトップが維新だからできること、既得権益を打破し、しがらみをリセットする方がよいのでは」「結果は否決となったが、市は残るが、いまのままでおなじことばかりしていてはいけない」「2度の住民投票も無駄ではなかった。議論が起こり、市民が考えたこと自治が一番の収穫だ」[14] と、市民も今後の府市合体への市政変革を求めている。

　もっとも賛成派市民でも、都構想なき改革・行政に期待している。「民主主義に基づき真摯に受け止める」「都構想が実現しなくとも税金の無駄遣いはなく行政運営ができるところを見せてほしい」[15] と、大阪市の再生を期待している。

　賛成派でも大阪都騒動は、これきりにしたい。「残念。みんな変化することに不安があるのでしょうか」「都構想の議論はこれで終わり。3回目の住民投票はダメ」「大阪市民は5年の間に2度決断を迫られ、答えを出した。これから維新は、都構想でない方法で大阪を成長させるような政策を考えてほしい」[16] と注文している。

　反対派は「子や孫の世代にとって良い選択になった」「5年前も今回も、デメリットの説明について説明が少ないように感じた」[17] と、大阪市存続を喜んでいる。「仕組みがかわることで、システム変更などに莫大な費用がかかる。今までの住民サービスがなくなるのではないかという不安もあった」「2度の住民投票は、賛否も票差も似た結果に終わった。市の多大なお金が無駄になった」[18] と、無益で不毛の騒動へきびしい批判をくわえている。

　さらに「特別区になれば成長できるのか疑問だった。権限も財源もない特別区にならなくてホッとした」「今後は無駄なところは省き、住みやすい大阪

市を目指してほしい」[19]と、平穏な市政を願っている。

　「大阪市という今の仕組みのままで成長できると市民は判断した。維新はこの声を重く受け止めて」[20]と、反省を求めている。実際、「論戦の終盤、維新が反対派の主張をデマだと主張したことで、分断が深まらないかが不安」[21]と憂慮している。

　しかし、市民のすべてが、心理的とか情緒的に反応したのではない、「大阪市の税金を大阪府が奪い、あらためて大阪府からもらうようなことは絶対反対」といった、都構想の核心を抉る判断もあった。

　維新の変革も「変えたらようなるのでなく、変えたら悪くなることもある」[22]、これまでの改革は認めるにしても、大阪市を廃止してまでの改革は、間違いだと、ムードに流されず冷静な判断をくだしている。

隣接都市の安堵感

　都構想住民投票の結果は、大阪市隣接市にとって、無関心でいられない問題である。それは、大阪市が特別区になれば、「大都市地域特別区設置法」によって、隣接していれば、特別区へ移行できる可能性が浮上する。自治体を分割しない限り住民投票は不要で、府と当該自治体の議会の承認があればできる。[23]

　しかし、豊中市などは反対で、長内繁樹市長は都構想が可決された場合「都構想に巻き込まれる危機感が大きい」[24]と懸念を呈している。

　その背景には富裕団体の豊中市が「特別区になるメリットはない。むしろデメリットが大きい」[25]と意向を示している。特別区に移行した場合の税収を試算すると、「最大で約5割にあたる約370億円を失い、その多くが他の区に回されるとこまる」[26]と警戒感をしめしている。

　東大阪市の野田義和市長は「一体感ある大阪を目指すなら、具体的な情報提供をすべきである」[27]と注文をつけている。しかし、大阪市が廃止されれば、大阪府下の自治体への統制・威圧は強化され、府集権主義によって、その自治性の脆弱化が加速するのではないか。

　大阪維新の都構想への執念は、反対派が予想できない根強いもので、状況が好転すれば、反対派の隙をついて実施へと決断しかねない。

大阪維新再生の可能性

　大阪維新にとって住民投票否決は、「顔と看板を失った」大きな打撃といわれている。しかし、それ以上に大阪維新の改革成果が、市民に拒絶されたダメージが甚大である。今後、都構想への不満・非難が高まってくるであろう。

　大阪維新は「確かにこの10年で大阪は変ってきたと思います。市営地下鉄は料金を値下げし、終電も延長して、2018年春には民営化されました。大阪府立大と大阪市立大も経営統合をへて東京都立大を上回る国内最大の公立大学になりました。ブルーテントが並んでいた天王寺公園は、きれいな芝生の広場に変り、子どもが歓声をあげています」[28]と、大阪維新10年の実績を誇示されている。

　このような維新・改革の成果も、住民投票敗北によってデメリットが摘出され、都構想に反対のムードがひろがっていった。

　第1に、市民は必ずしも広域化・民営化・委託化・統合化などの効率化・利益追及という、減量経営型経営は評価しなかった。それは減量経営のデメリットである。

　天王寺公園は近鉄不動産に経営委託され、有料施設のある、レジャー空間となった。結果として低所得者層には、無縁の空間となった、災害時の公共空間がそれだけ手狭になった。交通民営化についてはあとにふれるが、都市公共主義に逆行する選択で、都市経営として「誤謬の選択」である。

　第2に、大阪維新の強権的独善的政治・行政手法は、行政改革といいながら、人権侵害・文化資産廃止にまでおよび、経費効率化などのプラス面があっても、政治・行政資質の劣化・職員の勤労意欲低下などの危惧がある。

　第3に、都市経営にあっても、これまで普通経済と企業経済が、市財政のなかで共存し、複合経営を展開することで、集積・開発利益の公共還元ができ、施策・政策の幅ができた。

　減量経営的効率経営では、地下鉄はきれいになったが、本当に民営化すれば、市財政への便宜・収益の還元は、原則論としてできないシステムとなる。現在は大阪市が株式を全部もっているので、問題化されてない。

　しかし、本格的民営化となると、国税・府税の租税負担だけでも莫大負担増となる。しかも現行租税では財政への還元率は 15％前後であり、大阪市廃止となれば、固定資産税・法人住民税も大阪府税となるので、5％前後なるのではないか。経営の外面ばかりをみて、改革効果は評価できないのである。

　第 4 に、経費削減・公共料金引下・ラスパイレス指数低下が手放しで、施策選択として賞賛されるのではない。費用効果の分析・その他施策との比較など、政策評価のふるいにかけられるべきである。大阪市のラスパイレス指数は、指定都市最低であるが、優秀な人材があつまらない。勤労意欲が劣化する。結果として市役所全体の政策形成能力も低下し、デメリットが大きい。

　第 5 に、橋下・松井市長の政治・経営センスには、“公共性“ の認識が希薄で、都市経営にあってのノウハウの蓄積はない。たしかに大阪市は高度成長期公共投資の選択にあってミスを犯したが、潜在的都市経営能力がすぐれている。

　大阪府は広域行政一元化で、大きな権限・財源を手中におさめても、都市経営で実効的成果をあげるのは、未知数といえる。まして今後の知識・情報産業創出となると、公共投資主導型の行政形態からみて、最適形態か疑がわしい。

　大阪維新の政治センス

　政党大阪維新の政治力をみる。第 1 の課題は、政党勢力拡大の政治力であるが、第 1 に、その政治センス・戦略・戦術はすぐれている。大阪維新は行政・経営センスは未熟であるが、政治・戦略センスは冴えている。大阪維新をささえてきたのは、松井市長であった。橋下徹氏をかつぎだし府知事にし、大阪市長を辞職し、政界を退任した後の大阪維新を、再生させたのも松井市長であった。

　その卓抜した政治感覚で、民意を取り込み大阪維新の勢力を拡張してきたが、広域行政一元化は地域・都市経営にあって、大阪府が経営センスを発揮するこ

とは、中二階の監督官庁では、経営形態からみて不可能である。

　第2に、もっとも「世論が反応するだろう政策を探り当てる松井氏の『政治的な勘』は、維新が大阪で足場を固める原動力になった」[29]。2011年、府議団幹事長として、府議会定数削減で「有権者にわかりやすい『身を切る改革』をしめすことで『改革政党』ということをアピールし」[30]、以後、ラスパイレス指数抑制・官営事業の民営化など、大阪維新の選挙テーマとした。

　「前回2015年の住民投票が否決され、橋下氏が政界を引退。発信力の低下が課題となり、党の行方も危ぶまれた。しかし、松井氏らはその半年後の大阪府知事・大阪市長タブル選を制し、都構想への再挑戦に望みをつないだ」[31]のである。

　この奇策は、波及効果も大きく、公明党の大阪都構想への同意・賛成を取り付け、2度目の投票につながった。そして新型コロナ禍でも、松井市長は私立病院のコロナ専門病院への転用・雨かっぱ30万着の寄付調達など、「独善的な姿勢が混乱を招いた面もあったが、発信力の高さと、何が民意に受けるかを鋭く読む力の表れ」[32]と評価されている。

　第3に、吉村知事は、橋下徹氏にかわる人気スターとして、テレビで大阪維新のイメージキャラクターとなった。新型コロナ対策では、政府非公開文書の公開、大阪府独自の規制基準設定、兵庫県との移動自粛、うがい薬の効用宣伝など、矢次ばやに新施策を打ちだし、テレビ出演で効果をPRした。施策決定のスピード感は、より吉村知事の人気を高めていった。

　ただ行政施策決定には、事前の調整・根回しが不可欠で、兵庫県との交流自粛も、兵庫県に相談もなく、独断の決定であり、府県連携にしこりを残した。また休業支援金の交付も、府下市町村の合意は大阪市のみで、折半負担の予定であるが、今後は、政府補助、交付税補填で対応できるかである。

　第4に、政治力をリードする政策ビジョンの形成であるが、大阪維新は改革ビジョンといいいながら、イメージ演出と独善的対応が主導性をもっていた。

　今後の大阪維新は、橋下徹氏が活用してきた、ポピュリズム的「劇場型政治」（有馬晋作）から脱皮し、本来の政策型政治へと変貌できるかにかかっている。

　橋下元府知事は、府知事就任の弁として、「大阪府は破産会社」ときめつけ、

徹底的減量財政を断行した、公共施設廃止・職員給与カット・市町村補助金削減・労働組合圧迫などである。⁽³³⁾

しかし、橋下徹氏が新任府知事にもかかわらず、どうして減量経営が可能であったのか、それは事務事業見直し・市町村首長との折衝・労使交渉の一部始終の様子を、テレビ放送し、橋下知事の独壇場を演出し、平素から行政に不満をもっていた、住民の拍手喝采をえて味方につけ、反対勢力を駆逐し、選挙に圧勝する戦略であった。

しかも既存の補助金は削減する一方で、新規のばらまきサービスで、住民の歓心をそそる巧妙な戦略である。⁽³⁴⁾

しかし、この戦法は首長・議員選挙には通用するが、施策内容を吟味する住民投票には通用しなかった。これまで大阪維新は、民意を党利党略で利用してきたが、民意は甘くなかった。

政策能力と独善的改革

第2の課題は改革力、いいかえれば政策形成力である。大阪維新はこれまで、政治戦略・選挙戦術で減量的行財政改革をなしてきたが、大阪市廃止という、大改革をなすには、政策形成力は貧困である。

第1に、党利党略の手段としての政策改革ビジョンは断念すべきである。2020年11月21日、地域政党大阪維新の会代表選挙がおこなわれ、吉村知事が選出され、代表就任記者会見で都構想の3度目の挑戦はないが、「府市一体の成長戦略を実行し、副首都・大阪の実現を目指す」⁽³⁵⁾とのべている。

松井市長の脱法的都構想実現の推進で、大阪維新は党勢維持のため、他党との差別化・党内維持の手段として、今後も脱法的都構想活用をめざしているが、独善的対応であることは否定できない。

今後の大阪維新の運営について「創業者によるトップダウンの運営が続いた党の体質を変えるられるかどうか。大阪都構想にかわる新たな旗印を見いだせるか。新体制の大きな課題となる」⁽³⁶⁾が、「ワン大阪」・「副首都・大阪」は、

イメージとしては言いふるされ、「万博」「ＩＲ」などは、大都市圏ではそれほど魅力はない。まして「広域行政一元化条例」「総合区案」などの都構想簡易版は、反対の批判が高まり、反維新への結束を促す逆効果となりかねない。

　吉村知事は「山の頂上への登り方が都構想ではなくなった。今は道がないが、別の登り方がないか、追及したい」[37]とのべている。都構想に匹敵する、戦略が創出できるか、大阪維新の命運がかかっている。

　第２に、ポピュリズム的イメージでは、有効な制度改革は達成できない。政策的合理性のある改革ビジョンをかかげて、党利党略を克服して、実施できるかである。

　第１のポイントは、改革政策として、広域行政一元化をかかげているが、実態は大都市行政の府移管である。しかし、このような大都市行政を大阪府ができるのか。ことに４特別区分割で区行財政力の劣化した状況で、大都市のように現地総合性が発揮できるかである。

　第２のポイントは、大阪都構想というが、都制・特別区の関係は、東京都がなんとか、都市行政をこなしているのは、誕生の経由からみて東京市がそっくりそのまま東京都となったので、都市行政の経験がある。

　さらに富裕団体という財政力と、旺盛な都市集積メカニズムが、経営戦失敗を補填しているからである。大阪府では、行政実績・財政力からみて、不安要素が払拭しきれない。

　第３に、大阪維新は新政策創出・改革目標設定で、府県自治の拡充をめざすべきである。新しいテーマは、橋下徹氏の原点回帰である。当初、直轄事業負担金に対して「ぼったくりバーの請求書」として、中央政府に激怒した地方分権の強化である。

　地方自治体として、常に求められるのは、政府の中央集権システムへの抵抗であるが、都構想はまったく逆で、府県集権主義の追及で、都市自治体への圧迫・抹殺となった。

　しかし、大阪維新の地方分権戦略は、得意の「敵」としては、中央政府は強大であり、利権獲得は容易でない。それより制度的には弱者である、大阪市が

恰好の標的となった。

　しかし、府県が地方自治の原点に回帰し、府県拡充をめざして、府県制度を変革し、現状より多くの権限・財源を、政府から奪い、府県行財政の拡充が、改革のあるべき方向である。

　府県再生をリードする、改革ビジョンへの方向転換をしないかぎり、政策的検証に耐えられる魅力あるテーマは、みつからないのではないか。

注

（1）〜（4）2020.11.5・朝日新聞。

（5）2020.11. 5・朝日新聞の長分の記事を概説して引用。

（6）〜（11）2020.11.3・朝日新聞。

（12）住民投票の結果をみて「この10年は、賛否を巡り市民の分断を深めた歳月でもあった。どのような政治・行政制度も万能ではない。都構想であれ政令市制度であれ、利害の調整や異なる立場への配慮は欠かせない。住民投票での維新の2連敗は、数を頼んで異論を封じる政治に対する戒めでもある・・・。今日の投票結果を、対話と協調の重みを再認識する出発点と位置づけたい」（毎日新聞社会部長麻生幸次郎・2020.11.2・毎日新聞）と願望を託している。しかし、現実は対話と協調の行政は、松井市長によって11月4日でたった2日で破綻する。

（13）〜（18）2020.11.2・朝日新聞。（19）（20）2020.11.10・朝日新聞。

（21）（22）2020.11.2・朝日新聞。(23) 2020.10.7・朝日新聞夕刊参照。

(24)〜(27) 2020.11.7・朝日新聞。

(28) 吉村洋文・松井一郎・上山真一 『大阪から日本は変る・中央集権への突破口』以下、吉村ら・前掲「大阪から日本は変る」。

(29)〜(32) 2020.11.2・朝日新聞。

(33) 橋下ポピュリズムについては、高寄昇三『虚構・大阪都構想への反論・橋下ポピュリズムと都市主権の対決』参照。

(34) 有馬晋作『劇場型首長の戦略と功罪』83〜119頁参照。

(35)〜(37)2020.11.22・朝日新聞。

Ⅲ　都構想否決と大阪維新敗北の要因

1　奇跡の勝利と住民投票の争点

賛否伯仲と僅差の接戦

　住民投票の事前予想にあって、劣勢の大阪市存続派が勝利し、優勢であった大阪市廃止派が敗北した要因は何であったか。今後とも続く大阪維新との抗争の勝利を確実にするには、今回の住民投票の分析による、選挙対策の再編成が不可欠である。

　まず住民投票開票の経過からみてみる。

　住民投票の勝敗は、紙一重であった。大阪市存続派が勝利したのは、大阪維新の選挙戦術のミス、市財政局・選挙管理委員会の適正な市民判断のための対応策という、行政中立性への責務などの要素であった。

　要するに大阪市存続派の対応は、必ずしも十分でなかった。今後ともつづく維新との対決の勝利を確実にするためには、住民投票の分析による、選挙対策の再編成が不可欠である。

　2020年11月1日、住民投票の賛否推移は、出口調査では反対派優勢であったが、住民投票開票状況は、当初、賛否拮抗がつづいたが、やがて賛成派優位の状況となった。しかし、10時30分前後に突如、反対派の逆転勝利がテレビ中継で流れたが、画面の投票総数は、賛成派多数のままであった。

　自民党市議団の北野妙子幹事長は、信じられない様子であった。共産党市議団山中智子団長は、感極まって号泣し、座り込んでしまった。北野・山中両

氏は、テレビ討論で、松井市長と数回にわたって、激論をかわしていた。

　しかし、松井市長は両者に対して、「行政のことは何もわかっていない」とか、「反対の根拠を示せ」とか、しばしば罵倒していた。司会者が仲裁にはいり、話題を変更して、その場を取り繕う場面が多くみられた。討論では威圧されていただけに、大阪市存続派勝利は感無量であったであろう。

　さて勝利への世論調査の動向をみながら、大阪市存続派の勝利への軌跡を追ってみると、市民良識による都構想への虚偽性追及と反対派の比率上昇は、時系列的には連動して、反対派が上昇していった。

　第1の分析は、世論調査支持率の推移である。第1に、大阪都構想賛成派の推移は、9月20日、賛成49.5ポイント、反対35.3ポイントで14.2ポイントの差があった。10月11日、賛成45.4ポイント、反対42.3ポイントと3.1ポイント縮小し、投票直前に10月31日、賛成45.0ポイント、反対46.6ポイントと僅差であるが、反対が1.6ポイント逆転した。

　賛否の度合いは、第6回調査（10月24・25日）は、「大いに賛成」29.2%、「どちらかいえば賛成」11.7%、「どちらともいえない」11.9%、「どちらかといえば反対」13.4%、「大いに反対」27.8%であったが、第7回調査（10月30・31日）では、それぞれ30.1%、15.0%、8.4%、12.2%、34.4%と、「おおいに反対」だけが大きく比率をのばしている。

　原因はこの1週間にマスコミは、都構想の特集番組・記事をさかんに報道し、大阪市廃止のデメリットについても、追及していったからであろう。

　第2に、市主催の説明会では、メリットのみの説明であった。SNSなども発達しているが、テレビ・新聞などが、情報伝達機能は63.8%と高い比率で、投票日が近づくにつれ、問題が次第に明確になってきた。

　それでも賛成派が45%を維持していたが、大阪維新の運動にもかかわらず、当初から4.5ポイントの低下で、反対派は逆に11.3ポイントの上昇である。大阪維新は、公費による都構想の宣伝にくわえて、政党大阪維新の費用も追加し、猛烈な選挙運動を展開したが、事前調査の数値は、反対派が次第に優勢となった。

投票分析と賛否の動向

第2の分析は、政党支持率である。第3に、各政党の賛成・反対の構成比率（図3参照）は、投票当日の出口調査（2020.11.1・毎日新聞実施）では、第1に、大阪維新は88％・12％、公明党48％・52％、自民党36％・64％、共産6％・94％、立憲20％・80％、無党派40％・60％である。

第2に、大阪維新の賛成が90％、共産党の反対94％は、政党支持層がしっかりしていることがわかる。しかし、自民党の反対36％、公明党の賛成48％は、党として結束して戦えなかったことが露呈されている。

ことに熱烈な支持層が厚い公明党は、意外にも反対が多い。もっとも自民党も賛成がおおいが、反対が64％と3分の2である。結局、投票を決したのは、全体の3分の1を占める無党派層で、反対が60％で投票結果を左右したといえる。

図3　政党別支持の構成比率

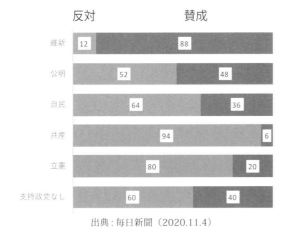

出典：毎日新聞（2020.11.4）

第3に、大阪維新・公明党は、選挙協力ができていたが、自民・共産党は、それぞれ個別の運動を展開していった。ことに自民党は一時、府議団が賛成に転じ、法定協定書の議決では賛成で、反対派は苦境を強いられたが、住民投票直前にまとまり、エンジンがかかり、地域票の起こしで、反対勢力も加速していった。

第3の分析は、年代層別の賛成・反対（出口調査 2020.11.1・毎日新聞実施）である。第1に、年代層別の賛成・反対比率は、10代46％・54％と反対が多いが、20代51％・49％、30代55％・45％、40代56％・44％、50代51％・49％と

賛成が多いが、それでも前回住民投票より各世代とも反対比率は上昇している。

　中高年層で賛成が多いのは、大阪維新の市民への助成措置、たとえば幼児教育無償化・私立高校授業料無償化・中学生塾代助成（月額最大1万円）・こども医療費無償化（窓口負担1月最大2500円）など、市民への行政サービス優遇が影響したのであろう。しかし、この優遇措置は大阪市廃止でなくなる不安で反対派の比率も上昇させていった。

　第2に、60代47％・53％、70代以上39％・61％と反対が大きくなっている。高齢者は居住期間がながく、地域社会への愛着があり、大阪市廃止までしての経済成長はのぞまず、変革を好まなかった。

　第4の分析は、朝日新聞の出口調査（2020.11.1・朝日新聞実施）と、2019年4月の松井市長への投票との比較（図4参照）で、大きな相違がみられた。

　第1に、投票率は市長選52.70％、住民投票62.35％は9.65ポイント高い。投票先は市長選松井氏58.11％、住民投票「賛成」49.37％で、8.74ポイントの落差がある。

　年代別では30代は、市長選で松井氏73％が、住民投票では賛成55％と18ポイント低下している。「ことに女性は23ポイントの下落である。子育て

図4　19年大阪市長選と20年住民投票の変化

松井氏への投票と住民投票「賛成」の落差

10代は回答数が少ないので省略

支持政党別　投票者の割合

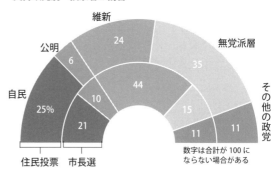

出典：朝日新聞（2020.12.24）を参考に作成

世代の支持をアピールする維新だけに、大阪市廃止で住民サービス低下の恐れを
この世代に抱かせたとしたら誤算だったろう」[1]と分析されている。

　第2に、政党別支持の構成比率をみると、無党派層は市長選の15％から
35％へと増えた。逆に維新支持層は44％から24％に縮んだ。

　この傾向は先の2015年の住民投票でも同様であった。もっとも無党派のな
かには、隠れ公明党なども混じっているとの憶測がひろがっていた。

　第3に、住民投票の高投票率は、無党派を投票へと導き変化をもたらした。
生活がかかっているので、棄権できなかったのであろうが、この3分の1を占
める、無党派層の投票先は、市長選で松井氏へ50％を投じたが、住民投票では
39％と激減している。

　首長・選挙では、常勝軍団であった大阪維新は、住民投票では手痛い2連敗
となった。マスコミは「人や政党を選ぶ選挙と政策への賛否を投じる住民投票
では吹く『風』が違うのだろうか」[2]と論じている。

　賛成反対理由の分析

　第5の分析は、出口調査でみた市民は、どのような理由で反対したのか、
まずNHKの複数回答出口調査（2020.11.1）をみると、第1に、賛成投票
者では「二重行政」43％、「大阪の成長」39％、「支持政党」7％、「住民サー
ビス」5％、「その他」7％である。二重行政淘汰・経済成長振興策など、実績
はあがっていないが、維新のイメージ効果で市民には浸透している。

　反対投票者は「大阪市存続」49％、「住民サービス」21％、「他に優先課
題あり」16％、「支持政党」3％、「その他」11％である。

　第2に、賛成は大阪維新の都構想目的に、忠実なテーマを選択しているが、
反対は「大阪市廃止」が半分であり、論争での住民サービスは意外とすくな
い。大阪市廃止にふくまれていたのでないか。「他に優先課題」は特別区財政・
事務配分・財源措置などではないか。都構想が秘める、露骨で無慈悲な大阪
市への圧迫への反感がすべてともいえる。

つぎに朝日新聞が出口調査（2020.11.1 実施）で、今回の住民投票と、前回の住民投票の比較をしている。

第1に、「行政の無駄減らし」前回15％、今回17％で、維新唯一の実績ともいえる改革として減量経営への評価は余り高くない。「大阪の経済成長」前回13％、今回18％と、高次の政策で外部環境にめぐまれ、大阪経済は好調であったので、比率は高くない。

第2に、「住民サービス」前回36％、今回41％で、突出して高い。大阪維新はさまざまの上乗せサービスを実施してきたが、特別区になると廃止されるのでないかという、不安から反対という皮肉な結果となっている。

第3に、「政策評価」は、前回「橋下徹の政策だから」26％、今回「維新の政策だから」12％となっているが、橋下市長は、敵を作り攻撃する露骨な行為への反感がつよかったが、橋下徹氏のパフォーマンスに心酔した有権者もおおかった。要するに市民の好き嫌いがはっきりとしていた。

第4に、このような反対理由について、善教将大関西学院大准教授は「現実では維新が府知事と市長を握り、府市の調整はうまくいっているのに『なぜ大阪市を廃止まで行う必要があるのか』という素朴な思いを持つ緩やかな維新支持層に、メリットを感じさせる説明ができなかった」[3] と分析している。

要するに「大阪維新支持者の『離反』だ」[4] といわれている。同出口調査は吉村知事への支持と都構想への反対を調査している。吉村知事への支持率は、支持68％、不支持26％、無回答6％であるが、支持者のうち都構想賛成67％、反対33％と、3分の

図5　区別賛成・反対の状況

□□□ は賛成票、
□□ は反対票が
上回った区

出典：毎日新聞（2020.11.2）

1 が反対となっている。しかし、支持層の目減りはわずかである。

第6の分析は、区別動向（図5参照）である。第1に、前回と区別はほとんど一緒で、東成区が賛成から反対に変っただけである。今回の住民投票も、前回と同様の都構想で内容はおなじであるので、大きな変化はないのが当然である。

第2に、賛成・反対をわけたのは、住民社会層の相違によるところが大きい。都心の北区などは、高層分譲住宅が多く建設され、若年層の市外流入者が多いので、賛成派が多いが、西南部は戦前からの居住者が多く現状維持の反対派が占めていた。大阪維新は、この地区への重点的運動を展開したが、大阪市への愛着心もあり、反対派を崩せなかった。

最終的には賛成67万5829票、反対69万2996票と、1万7167票の僅差で「大阪市存続派」が勝利した。吉村知事は「『今の住民サービスがなくなる』という（有権者の）不安の部分を説明しきれなかった。力不足だ」[5]と、悔やんでいる。

しかし、大阪維新の選挙運動チラシは、「都構想で！さらなる住民サービスアップ」「特別区設置財政効率化効果は10年で1.1兆円」といった、現実とまったく違う、安易スローガンが躍っていた。

市民の反応は、賛成・反対派も、「都構想の意義という根本的な争点もすれ違ったままで、論争がまったくふかまらない状況で」[6]住民投票を迎えた。

結局、賛成派がより高次の改革課題を、粉飾して提供したが、市民には実感がなかった。大阪市存続派は、生活サービス低下という、身近な不安材料を煽ったので、心情的拒否反応からの反対が、増幅されていった。

選挙戦で反対市民増加となったのは、テレビ・新聞などを通じて、大阪都構想の実像が浮き彫りされ、争点への理解が次第にすすみ、都構想の"信憑性"がうすれていった。要するに一般市民が、都構想の虚構性に気づき、市民の良識がキャスティングボートとなった。[7]

住民投票の選挙戦術

住民投票の選挙戦術は、賛成派と反対派は対照的であった。結局、賛成派の

行政改革・経済成長といったポジティブキャンペーンより、反対派の大阪市廃止・行政サービス低下といった、ネガティブキャンペーンが効果的となった。

　住民投票の選挙戦術を、ふりかえってみると、第1に、政権党である大阪維新は、きたるべき住民投票が、大阪市民の命運を決定する、重大な投票であるにもかかわらず、市民には改革の実態を知らせようとしなかった。

　大阪市廃止で特別区は多くの権限・財源を喪失すること、特別区財源の3分の2は、大阪府が配分権限をもち、特別区財政の独立性はないこと、交付税合算方式で、特別区交付税はふえず、財政力格差の是正ができないことなどである。法定協議会でも住民投票の意義を軽視し、強引に法定協議会で協定書を決定し、大阪都構想の粉飾に腐心していった。[8]

　第2に、大阪維新が選挙活動では先行し、反対派が維新のかかげるテーマを崩していく図式となった。大阪維新の大阪経済の振興・公選区長による生活拡充といったイメージ操作に、市民は、当初、幻惑されていた。

　しかし、賛成派・反対派のテレビ討論会などで、次第に都構想への実効性への疑惑を深め、冷静に判断し反対投票へ流れていった。

　第3に、論争は、争点の本質を摘出する域にまで深まらなかった。大阪維新がめざす都制は、戦時体制の遺物であり、都市経営体としては悪しき制度である。また都制は、市町村監督行政と、都市自治体としての都市経営行政を分担する変則的畸形制度である。

　小池都知事が、中央卸売市場移転問題で、右往左往する有様をみると、本来の都政に専念できない、実態をまざまざと見せつけられた。

　二兎を追う都制は、東京都をみても，どこに行政責任があり、財政がどうなっているのかわからない、伏魔殿のような存在である。とても卓抜した都市経営ができる、行政システムでない。

　それにもかかわらず東京都制が、破綻もせず運営されているのは、東京都は東京府・東京市が合体した行政形態であり、成立の経過からみて都市自治体として実績があった。要するに都構想のように、政令指定都市を廃止し、その権限・財源を収奪する事実はない。

　また財政調整・財源配分をめぐる紛糾も、破局をむかえる事態に陥らないのは、都・特別区ともに不交付団体で、金持ち喧嘩せずとのゆとりがあるからである。しかし、大阪都構想は貧困団体での財源争奪戦となり、府特別区の“不幸せ”は熾烈な状況になるであろう。

未完の市民連合と愛市精神

　都構想賛成派は、松井市長・吉村知事のリーダーシップのもと、公費で大阪市廃止のメリットを強調し、市民を洗脳できる、有利な状況にあった。本来、競争条件平等であるべき、住民投票にあって、大阪市存続派は、きわめて不利な状態にあった。

　大阪都構想実現は、府県集権による制度改悪である事実は、ごく少数の市民しか気づいてなかったのではないか。それでも市民にとって、100余年の歴史をもつ大阪市への市民の愛着は、たかだか10年余の大阪維新より強かった。

　しかし、大阪市存続派としては、市民の愛市感情を政治的に結合する方策は、市民連合がもっとも有効であった。

　第1に、さきの選挙では、大阪維新対既成政党という対立構図で、反対派は理念なき野合として、格好の攻撃標的となった。

　そのため大阪市存続の旗印のもとに、広汎な市民層結集をかかげる戦術がベストで、政党・組合の傀儡団体と謗られても、意に介することなく、連合し政党政治勢力のハンディキャップを補う必要があった。

　選挙資金も公募方式のクラウドファンディング方式、マンパワーもボランティア方式と、市民運動をベースとして、総力戦でのぞめば、圧勝は夢ではなかった。

　しかし、反対派は、政党も団体も個人も、ばらばらの運動となり、結果として個別方式であったため、個々の市民への浸透力があり、生活の底辺から反対となった。しかし、文字どうり薄氷の勝利にとどまった。[9]

　第2に、住民投票が、あたかも大阪市廃止の合意確認の投票の感があったが、

大阪市廃止という厳粛な事実に、市民の心理的拒否反応が、浮上していった。

　戦後の大阪市政は、立派とは必ずしもいえないが、戦前の鶴原・関市長をはじめとする、歴代市長は、大阪府の行政介入・利権行為による圧迫にも耐え、見事な都市経営実践で「大大阪市」を形成していった、この100余年の歴史は、抹殺できなかった。⁽¹⁰⁾

　第3に、都構想は、大阪市廃止を意図的に隠蔽し、4特別区設置による身近な区政を全面にだした。しかし、隠れていた大阪市存続への支援は、選挙管理委員会が投票用紙に「大阪市を廃止し、特別区設置」との表現を採用し、前回の特別区設置のみの表現をあらためたことで、反対派への援護射撃となった。

　また、善意に解釈すれば、大阪市財政局の4区交付税算定の負担増加試算にしても、市民に適正な判断への材料を提供すべき責務を感じたためではないか。

　大阪維新は政権党として、恐怖政治になって大阪市職員を牛耳っていたが、選挙管理委員会・財政局などは、強権的首長のもとにあっても、行政の中立・公平性遵守の体質は残っていた。

　結果として都構想は、大阪市廃止の府県集権主義の濃厚な党利党略であることが浮き彫になっていき、知識人の市民層には、大阪市廃止は絶対にダメという、反大阪維新への心情が浸透していった。

注

(1)～（3）編集委員堀江浩・2020.11.24・朝日新聞。（4）2020.11.4・朝日新聞。

(5) 2020.11.3・朝日新聞。（6）2020.10.31・朝日新聞。

(7) この点について、藤井聡京大教授は、「有権者の理解度と投票判断の実態調査」から「大阪都構想に賛成を表明している人の7割以上が『都構想のことを知らない人』であった。一方で、反対を表明している人の約7割が『都構想のことを知る人』だった」（藤井・前掲「大阪市民への詐欺」15頁）であったと分析している。要するに大阪維新のイメージ操作に惑わされたかどうかであった。

(8) 法定協議会の運営について、川嶋広稔「法定協議会をめぐる最近の動向」『市政研究』202号・「大都市制度（特別区設置）協議会で、『明かにならなかったこと』『明かになったこと』『市政研究』206号参照。

(9) 市民連合について、高寄昇三『大阪市廃止と生活行政の破綻』11～36頁参照、以下、

　高寄・前掲「大阪市廃止と生活行政」。

（10）戦前大阪市の都市経営については、高寄昇三『近代日本都市経営史・上巻』82~
　　91 頁、251~262 頁参照。

2　大阪維新・都構想への万全体制

自信過剰の誤算

　大阪維新は、政治的に絶対優位の情勢で、住民投票に挑んだが、大阪維新は過信したためか、実施への過程、選挙の方法など、市民意向を無視した、強権発動が多くみられた。

　第1に、住民投票の早期実施である。コロナ禍でなぜ実施を急ぐのかとの批判を、振り切り実施を決断した。大阪維新にとって11月1日という、既定路線が有利との、政治判断で決行した。

　都構想住民投票は、2020年9月3日、大阪市議会で、賛成57票・反対25票の圧倒的多数で可決された。賛成派の大阪維新・公明党にとって、府市首長が大阪維新であり、議会も賛成派が圧倒しており、住民投票勝利は確実と予測された。

　議決後、松井一郎市長は、「都構想大阪で医療崩壊が起きない限り、11月1日に向けて準備する」(1)と決意をのべ、延期を求める反対派市民について「彼らはいつだって反対なわけでしょう。コロナが落ち着いてというが、誰がその日を確認できるのか」(2)と、侮蔑的ともいえる非難をあびせていた。

　その後、大阪のコロナ感染者はふえ、11月中旬には一日の感染者が390人と東京を上回り、12月には重症患者への病床数の逼迫度は、全国最悪となり、非常事態となった。因果関係は立証不可能であるが、住民投票のため、コロナ禍対応が手抜きとなった、悔いの残る事態に陥ってしまった。

　第2に、政治的優位からくる過激ともいえる言動である。松井一郎市長は、橋下徹氏に劣らない独善的言動が目立った。反対派につき高飛車に非難を煽り、分断を扇動していった。「前回は反対派陣営からさまざまなデマが飛び交った。

我々がデマを飛ばしたことはないし、ウソもついていない。今回も正々堂々と事実に基づいて協定書の中身について説明していきたい」(3)とのべている。しかし、二重行政・特別区設置効果でも、粉飾的過大効果を吹聴する姿勢を改めることはなかった。

大阪維新は「大阪市役所はなくなるが、大阪市はなくならない」というような、言葉のロジックを悪用し、「二重行政淘汰による経済成長」なども、想像の域をでないスローガンを提唱していった。

その弱点を隠蔽するため、大阪市だけが失政の元凶として貶められ、大阪府礼賛・大阪維新信奉への、市民洗脳の高等戦術を展開していった。大阪維新の主張は、デマとかウソではないにしても、市民の正常な判断を、狂わせる意図的操作であった。

また住民投票の告示後のテレビ討論会をみると、大阪市民でないコメンテータを「何もわかっていない」とか、反対派議員に「信用できない」とかの批判をあびせていたが、反対派への同情から、反対派へ票が流れたのではないか。

第3に、都構想説明の宣伝・デメリットの省略である。住民説明会のパンフレトも、橋下市長の時は、メリット・デメリット併記であったが、この度はメリットばかりで、参加住民の不評・不信感をまねいた。

結局、選挙期間中、政策論議はすれ違いで深まらなかった。そのため市民は漠然とした不満・不安から、反対へと投票し、大阪維新の説明不足が、結局、命とりになった。

時系列的にみると、大阪維新は2015年の住民投票敗北の原因を虚心に分析していない。マスコミは大阪維新は「『敵』をつくりながら『ふわっとた民意』を求め、独善的ともいえる手法を繰り返した橋下氏の当然の帰結ではなかったか」(4)と、批判している。大阪維新は前回の苦杯を、反省することはなかった。

第4に、都構想実現への戦略的策謀である。橋下氏による大阪維新が、民意をつかんできたのは、既得権益をむさぼる大阪府・市の行政上の無駄淘汰をめざした改革であった。

この改革の実績をふまえて、選挙で大阪府・市の首長・議会を掌握し、有利

な状況になると、さらなる改革として、目標を大阪市廃止にまで、エスカレートさせていた。

　なぜ改革の対象が大阪府でなく、大阪市なのか当時、橋下徹氏が大阪府知事であり、都構想という発想は、すでに大阪府にあった。当時、政治団体・大阪維新の会をたちあげた橋下知事は、党勢拡大のため、得意の『敵』攻撃を、大阪市「中之島一家」に絞り、大阪維新の勢力拡大の手段とした。

　大阪維新はタブル選挙などの奇策を多用し、政党勢力を拡大させていった。しかし、第1回住民投票の敗北は、大阪維新の減量経営的改革をより実益のある、福祉・環境・経済などのテーマとするべき好機であったが、その後の首長選挙勝利に心酔し、思考停止となり、より異質のテーマを創出する、政策創造を怠ったといえる。

　そして大阪維新は、イメージ戦略を既得権淘汰で満足せず、大阪市廃止という都構想へと飛躍させていった。しかし、大阪都構想による大阪市廃止という、過激な改革テーマは、イメージ選挙の首長・議員選挙は通用したが、政策選択を争う住民投票では、市民が「熟慮の民意」となると、二度とも苦杯をなめる敗北をみている。

「バーチャル体制」の制度化

　大阪維新は府市首長占拠という、政治的優位をフルに行政的成果に連動させ、イメージ選挙に活用した。そして大阪維新が創出したイメージが、府市協調の「バーチャル体制」で、この状況を永久に存続させるため、都構想が必要という、抽象的で説得性のあるイメージを掲げることになる。

　この「バーチャル体制」は、大阪市廃止による府集権主義の貫徹であるが、その根拠は全くの仮想理論で政策的根拠はない。ただ大阪市廃止の口実だけである。

　第1の課題は、「バーチャル体制」の実効性である。第1に、大阪維新は、「バーチャル体制」の成果として、大学・施設の統合をすすめていった。本来、住民投票の信託をうけてからするべき行政改革であったが、政治的優位を背景に既

成事実化していった。

　それは大阪維新は、都構想も選挙の時のテーマ提唱だけでは、政党の結束力・緊張感を維持できず、また広域行政のスローガンも空虚なテーマとなるからである。

　第2に、都構想のイメージ補強である。都構想をめざすため、広域行政一元化のメリットを強調し、露骨に大阪市から権限・財源・資産の収奪を実施していった。研究所・大学の統合を、大阪維新は府集権主義の野心を隠し、広域行政一元化のためとカムフラージュをして実施していった。。

　第3に、府市対立弊害のスローガン化である。大阪維新は、かっての府市の対立状況・二重行政の弊害をPRし、大阪維新が吉村知事・松井市長と、府市を同じ大阪維新で占拠し、府市協調関係で万博誘致もコロナ対策も、「1つの司令塔の下で取り組んで」[5]成果を上げてきたと、広域行政一元化を戦略方針として固めていった。

　「府と市に分かれて非効率だった公衆衛生研究所や中小企業支援の団体などを次々と統合しました」[6]と、「バーチャル大阪都」体制の実績を誇示していった。しかし、前回の万博は府市協力で立派な成功をおさめており、府市非効率は詐術の戦略である。

　第4に、バーチャル大阪都は、「知事と市長の人間関係による一時的なものでしかありません」[7]。すなわち都構想によって大阪市を廃止し、特別区にし、大阪府に反対・抵抗できない制度としなければならないと、大阪維新は強い執念をみせていた。

　第2の課題は、「バーチャル体制」効果への疑問である。大阪市を廃止し、広域行政一元化の実施でも、実績効果はほとんど期待できない。

　むしろ研究機関を喪失した大阪市・区は、高次の都市行政が展開できない行政ハンディは無視されたままで、大阪府の権限・財源が強化されれば、すべてが円滑にいくとう、独善的論理は、市民の不安を増幅させていった。

　第1に、「バーチャル体制」とか広域行政一元化といっても、露骨な府集権主義の導入である。この体制のもとで、大阪府による権限・財源・事業の収奪が公然と行なわれた。

　研究機関の大阪府への無償移管などは、法律的には違法であり、政治的には都構想の先取りであり、財政的には大阪市行政資産の収奪であった。法定協定書の反対派委員は、まさに無念やるかたない思いであった。

　第2に、「バーチャル体制」という成果を誇示していったが、実態は日本経済の好況・広域経済圏の中心地の集積メカニズムといった外部環境の恩恵に過ぎなかった。

　「バーチャル体制」を大阪経済の成長のシステムとして讃美していたが、外部環境が変化し、インバウンド効果がコロナ禍で縮小すると、バーチャル大阪都は幻想と化していった。

　第3に、「バーチャル体制」の成果といっても、大阪市・特別区の行政劣化という、犠牲の上での成果であり、大阪府政のみが、実績をあげれば、万事問題はないという、府県集権主義のエゴの行政実績に過ぎなかった。

　大阪維新は、本来、住民投票後に市民信託をえたうえでなければ、実施すべきでない、大阪市の大規模施設府移管、大阪府立・市立大学統合などを、問答無用の多数決で実施していった。

　今日、「広域行政一元化条例」で、都構想の既成事実化が本格的に実施されようとしているが、これまでの施設統合化の既成事実化を傍観してきた大阪市存続派の対応は、責められるべきである。

　第4に、大阪維新は、第1回住民投票後にあっても、大学統合・研究所併合といった既成事実を強引に実施しても、大阪市存続派の抵抗は弱く問題にならないとの過信があった。しかし、いざ住民投票となると、政党だけでなく市民も抵抗し、巨大な反対派エネルギーと化していったのは、予測できない誤算であった。

　本来、なし崩し式の大阪市脆弱化が、大阪経済のみでなく、市民生活にあっても、致命的打撃となると、反対派は市民に訴え、大阪維新の手前勝手な横暴を、食い止めるべきであった。

　すなわち大阪維新の政治的上昇機運と対応し、大阪市廃止への市民不満は、地殻変動のマグマのように、市民の間で蓄積されていた。大阪市存続派の運動は、

この市民の熱意を噴出させ、有効な対維新への対抗力となった。

公明党賛成と吉村知事人気

　大阪維新は、第1回住民投票で敗北したが、府知事・市長のダブル選挙の奇策で、大阪都構想復活の糸口をみいだした。松井市長の政治センスが、抜群といえる所以である。大阪維新は絶対に負けるはずがない布石で住民投票にのぞんだ。

　第1の要素は、公明党の賛成である。公明党の関西衆議院選挙区には大阪維新は立候補者を擁立しないという暗黙の了解が成立した。大阪維新は否定しているが、公然たる事実である。

　投票直前の10月18日には、山口那津男公明党代表が大阪入りし、大阪維新の吉村知事と宣伝カーに相乗りし、支持を訴えた。また学会責任者による電話戦術も展開していったが。

　公明党幹部の政治的思惑とは違い、一般会員の反応は、大阪維新との連携に批判的であった。「過去の選挙戦で維新幹部らが公明党を激しく批判したこともあり、支持層の反発は根強かった」[8] という、しこりがあった。

　「賛成というのもわかるが維新が嫌いだ」「負ければ辞めると松井市長が言っている。つぶしたい」「公明は風見鶏じゃないかと思う。維新におびえを感じたと、なぜはっきりと言わないのか、私は不信感をもっている」[9] と、激烈な非難と辛辣な批判がうごめいていた。幹部でも「維新に尻尾を振るなんて、常勝関西の歴史に泥を塗る」[10] と批判している。

　第2の要素は、吉村知事のコロナ対策の人気である。世論調査では吉村知事の支持率は70％前後と高い。コロナ対策のきわだった対応が、人気の源泉である。緊急事態宣言解除基準をめぐって「具体的基準をしめさず単に（宣言を）延長するのは無責任だ」[11] と、政府批判を展開し、市民の共感を呼び、評価が高まった。

　共同通信の全国世論調査（2020.5.8 ～ 10）の大阪維新支持率8.5％となり、

立憲民主党をぬいて野党トップとなった。⁽¹²⁾ 多分に吉村知事の人気が影響している。

「三連休大阪・兵庫往来自粛」「十三市民病院のコロナ専門病院化」「雨がっぱ市民寄贈決定」など、「大阪の松井・吉村のツーショットはすごい」「トップダウン」「スピード感」があると、絶賛された。

このような即断は、「隣接府県との調整不足」「現場軽視のパフォーマンス」「施策検証なきひらめき行政」との欠陥は否定できず、将来の行政運営に禍根を残すことになると、危惧された。⁽¹³⁾

それでも吉村知事のテレビ露出度は高く、1日に数局の出演をこなす過密スケジュールで、住民投票敗北以後も、出演はつづいている。しかし、大阪府のコロナ対策の実績は、それほどあがっていない。

大阪府新型コロナ対策の実績からみれば、人気は蜃気楼のようなもので、テレビが安易に放映するのは問題である。⁽¹⁴⁾

実際、11月になると、感染者数は急増し、東京都を追い抜く状況になった。12月になると、重症患者の収容能力は、206床で名目60%台であるが、医師・看護師不足で実働は8割程度で、余裕は20%前後しかない。

吉村知事は「医療非常事態」を宣言をしたが、それは十三市立市民病院を、コロナ専門病院に急ぎ転用させた、当時知事の英断・スピーディな対応と賞賛されたが、その後、医師・看護師の大量退職がつづき、肝心の病院機能は半身不随となっている。うがい薬の効用もなく、近隣府県への看護師派遣要請、自衛隊支援となった。

しかし、吉村知事の人気は、大阪のコロナ禍が深刻化すればするほど、テレビの生出演の連続となり、得意の会食人数制限論を展開している。しかし、コロナ禍への画期的な対応策はなく、基本的には医療体制拡充・PCR検査充実も十分ではなかった。

他府県との比較など、コロナ禍対策の実証的検証をすべきで、刺激性の強いテーマばかりを追い求める報道姿勢は問題がある。

吉村知事への自粛要望の報道だけでなく、政策科学としてのコロナ禍対策

への説明を求めるべきで、対策が不十分であっても、それなりの行政努力がみられれば、市民の自粛への合意形成ができる。この点、大阪府のコロナ禍対策の施策状況の説明は不十分であった⁽¹⁵⁾

　都構想でも当初、その実態は行政サイドのPRのみであったが、報道機関の追及でそのメリット・デメリットがはっきりとして、市民の決断へと連動していった。

　この点、コロナ禍対策は、行政への分析は不十分であり、大阪府のコロナ禍対策が手遅れとなり、事態が深刻化したが、ますますテレビ出演の機会が頻繁となり、人気が上昇していった。⁽¹⁶⁾

　要するに行政実績は、近隣府県との対比ではあがっていないが、ポピュリズム的な人気はうなぎのぼりという、この摩訶不思議なテレビ現象の効果は、大阪維新をして、また三度目の都構想実施への邪心を、そそるのではないか危惧される。

　大阪市存続派としては、テレビのイメージ効果が、そのまま政治勢力拡大・選挙獲得票に連動する、根源を断ち切る秘策を注入しなければならない。偶像的人気への個人攻撃より、人気の背後に潜む、「バーチャル体制」の行政過信からくる、失政を追及する正攻法の対応を選択するのがベストである。

　ただ知事・市長とも、大阪維新であるのは、大阪市存続派にとって施策をPRするには、大きなハンディで、研究報告書の発表などで、マスコミ活用を考えなければならない。

実現手法の公私混同

　大阪維新の都構想推進の過程で、大きな問題が浮上してきた。それは政党大阪維新の代表と大阪市長が、松井一郎という同じ人物であることである。

　この問題は市長は行政執行者として、政治的中立で公平に対応しなければならない。しかし、政党の代表として党の政策綱領の実現を図っていく、責務があるという矛盾をはらんでいる。

　第1に、この利害対立は厄介と考えられているが、実際は簡単である。市長としては政党利害に左右されない中立・公平に、行政を執行することである。補助金・公共投資の選別にあって、大阪維新と関係の深い企業・団体・個人を優遇してはならないだけである。

　第2に、行政内部の施策・行為にあっても同じであった。問題となったのは市広報である。市の広報全般について助言する広告の専門家で、参与の山本良二・近畿大教授とグラフィックデザイナーの清水柾行氏が、広報誌の文言修正を求めた。

　2020年10月7日に「特別区になると全てよくなるといった、メリット一色の印象を受ける」「メリット・デメリットなど客観的な情報を伝えていくべきだ」「『特別区はいいですよ』は、広報というより広告になっている。広報紙がプロパガンダにならないようにという意識を持ったほうがよい」[17]と、いったきびしい指摘があった。

　市広報紙は毎月179万部全戸に配布されている。この指摘の背景には、松井市長は、「公明党も賛成したことで維新だけの主張ではなくなった」[18]、「市長選で都構想推進を公約にし、市長に就任しているわけだから、広報するのは行政のミッションだ」[19]と、説明している。

　選挙に勝てば官軍という、稚拙な発想であるが、公党としてあってはならない驕りであり、政治理念の喪失と批判されてもやむを得ない。

　そのためか職員も「賛成に誘導するための市政広報なので、市長の方針もあるし（都構想案を作成した）法定協議会の議論の集大成だ」[20]とのべているが、公務員として行政感覚が汚染されているのではないか。

　第3に、かりに万博のような全政党が賛同している施策であっても、市民にその施策を宣伝し、先導・誘導するのは間違っている。全市民が賛成とはいえないからで、行政は謙虚な姿勢で、施策を説明する責務がある。

　河井孝仁・東海大学教授は「市長は選挙で選ばれた以上、市長の主張を盛り込むことが完全に否定はされないが、広報紙は市民が考える材料を提供するのが最大の役割。市民が反対意見にもアクセスできるようにする必要が

ある」⁽²¹⁾と、公平性を強調しいる。

　学校給食無料化・塾代助成・敬老パスなど、上乗せサービスにあっても、他の行政サービスに優先してなぜ実施されたのか、実施の内容・システムがどうなっているか説明を省略して、サービスのPRばかりをするのは、公費による事前選挙運動ともなりかねない。

　ことに住民説明会の都構想のメリット宣伝一辺倒という対応は、市民の反発をまねいた。都構想の住民説明会は、大阪市の公式行事であり、大阪維新の宣伝活動の場でない。市税を使っているのであり、市民に行政データを示し、判断材料を提供する貴重な場なのである。

　注
（1）新聞うずみ火編『「都構想」の嘘と真』』3頁、以下、前掲「都構想の嘘と真」
（2）（3）同前3頁。
（4）山下貴史「大阪市長住民投票の取材を振り返って」『市政研究』188号70頁。
（5）〜（7）吉村洋文・松井一郎・上山真一『大阪から日本は変わる・中央集権への突破口』5頁、以下、吉村ら前掲「『大阪から日本は変わる」。
（8）〜（10）2020.11.2・朝日新聞。
（11）2020.11.3・朝日新聞。
（12）前掲「都構想の嘘と真」29頁参照。（13）同前29・30頁参照。
（14）この点について、「都構想をめぐる住民投票に集中した結果、コロナ対策が後手に回った」（2020.12.4・朝日新聞）との批判がなされているが、行政的原因としては、松井・吉村コンビは、施策の決定にあって、独断的決定が過ぎ、しかも政策的にみて検証が不十分なことである。地域医療の中核病院を閉鎖し、一般診療をやめ、入院患者を移転させ、伝染病に不慣れな医師・看護師を転用した。市長命令である以上、従わざるをえなかった。この点について「留意すべきは、リーダシップの名の下、物事を果断に進めればいいという話ではないことだ。関係する人や機関への説明と準備をなおざりにすれば、状況をかえってこじらせる」（2020.12.4・朝日新聞）と戒めている。都構想も同じで、無理に実施しても、後遺症は大きく、市民の被害は回復不可能な悲惨な状況になるであろう。
（15）兵庫県の状況をみると、11月7日に報道機関に公開されたが、神戸市立医療センター中央市民病院に新型コロナウイルス感染症専門臨時病棟の開設であ

る。全床が重症患者対応の専用病棟（36 床）は全国初である。建設 6 億円・医療機器等約 4 億円で、費用は全額県の緊急包括支援事業で補填される予定である。（2020.11.8・朝日新聞）。さらに県立加古川医療センターにも、感染者専用病棟（建設費約 9 億円）を予算化する。県内の各健康福祉事務所に感染予防の「空気清浄機・患者輸送車など 3 億円を予算化する。これら一連の予算は 12.3 億円であるが、国庫支援金・関西経済連合会寄付金でまかなう。県は各地方地域センターで PCR 検査体制を拡充しているが、尼崎市も高齢者施設などへの PCR 検査を実施する方針をかためている（2020.11.25・朝日新聞）。県市協調路線は定着し、実績をあげているが、あまりテレビで報道されないが、財源対応・検査重視など注目すべきである。この点、大阪府市の対応は、話題性のある行政対応であるが、その場しのぎの施策のためか欠陥が目だつ。さらに府が事業・施策をする場合、必ずといっていいほど、地元負担を強要する、この度のコロナ休業補償でも府・市の折半を求めている。都市自治体の多くは保健所行政などの基礎的行政を分担しており、休業補償などの法人・営業税収入が大きい府が負担しても良いのではないか。

（16）朝日新聞の世論調査（2020 年 11 ～ 12 月実施）新型コロナ対応への政治家評価は、吉村知事（376 人）、小池知事（160 人）、鈴木北海道知事（95 人）で、吉村知事は断トツの評価となっている。菅首相（59 人）、西村経済再生相（49 人）とさえない。2020.12.30・朝日新聞参照。もっともこの評価は、「知事の評価が高い地域が、必ずしも感染抑制に成功しているとも言えないが、具体策と、丁寧に説明する『姿勢』が評価されている」（竹中治堅・政策研究大学院大教授）と説明されている。要するに注目すべき話題の提供で、吉村知事のうがい薬宣伝は、店頭からうがい薬がなくなるほど話題性があった。説明はたしかに歯切れがよく巧みであったが、現状解説と市民への要望で、肝心の施策と効果などの関連性の説明は欠落していった。要するにテレビ受けが、人気の要因といえる。

（17）～（18）2020.9.22・朝日新聞。

（19）（20）2020.9.30・朝日新聞。

3 大阪都構想敗北の要因

首長選挙と住民投票の相違

　2020年11月1日の都構想投票を前にして、賛成派は圧倒的有利な情勢にあった。第1に、大阪維新の支持基盤の安定である。橋下元市長は強烈な言動で、反対派への猛烈な攻撃で反感をかい、ポピュリズム非難にさらされたが、松井体制は個人的攻撃は、影を潜めていた。「『熱狂』は過ぎ、『穏健な支持』が定着」[1]と、支持基盤の安定性が指摘されている。

　都構想反対派は「対抗軸を立てるにも、市民の分断を埋めるにしても、まず維新の強さを認め、なぜ彼らが大阪において支持され続けるのか、逆に言えば、反維新陣営はなぜ負けるのか、その理由を自省を込めてきちんと分析するところからはじめるしかない」[2]と、逆に反対派が批判された。

　たしかに大阪維新は、堺市長選挙などでも勝利し、連戦連勝であった。大阪維新は行政改革を旗印に、行政サービス拡充を打ちだすなど、選挙戦術は明確であったが、自民党をはじめ、対立政党はシングル・イシューを、かかげて戦うことも、都構想への対立テーマも創出できず、従来型の地域型運動で終始した。

　第2に、イメージ・利益誘導型選挙の風潮である。近年の地方選挙をみると、ポピュリズム的要素は濃厚である。2020年の市長選挙をみても、兵庫県丹波市では、全市民にコロナ禍補償として、一律5万円支給を公約した新人候補が、現職を破り当選している。

　市民の歓心をそそるこのように明確なスローガンを掲げた方が、選挙に有利である。松井維新にとって、幸運であったことは、広域行政一元化の実績がまったくないのに、インバウンド景気・万博ムードといった、経済外部環

境が好況感に溢れていた、「大阪の利益代表者という政党ラベルの獲得に成功した」（善教将大）といわれている。

　大阪維新は首長・議員、そして支持者をふくめて、特定のテーマに心酔し、反対勢力を果敢に攻撃し、あらゆる手段で短絡的な達成を試みるが、政策的実効性はあまりないだけでなく、危険な対応である。

　第3に、イメージ効果の実効性である。松井代表になってもポピュリズム的選挙戦略は変らなかった。選挙に強いのは、魅力ある改革テーマをかかげ、現状打破を訴えるからである。

　既得権益への行財政改革による経費節減、二重行政淘汰による経済成長などは妄想であるから、大きな洗脳効果を発揮し大阪維新は得票数を伸ばした。

　大阪都構想がその典型であり、実現しても副首都として大阪経済が、東京並みになり、市民サービスが大阪市より向上することは、検証して見るまでもなく、幻想に過ぎない。

　大阪維新は、このような蜃気楼のような政策綱領で、民意をつなぎとめる脆さを内蔵していたが、それでも半分の賛成をえたのは、反対派が維新テーマの偶像破壊に失敗したからである。

　或る意味では、大阪維新の改革イメージは、大阪府・市の官庁既得権撲滅で用済みとなり、新しいテーマをみつける転機にあったが、福祉・環境といった地道なテーマでなく、従来の刺激的テーマ延長線上の大阪市廃止を踏襲した。

　第4に、反対派のイメージ・改革形成の欠落である。大阪市存続派は、自治体として基本理念である、地元企業の知識産業化・自然エネルギー都市化・貧困層生活支援など、都市経営の原点に立ったテーマをかかげ、もっとも実現したいシングル・イシューで、旗幟鮮明にする戦略を打ちだす転機にあった。たとえば経済・生活再生をめざす、政策テーマとして社会的弱者の救済・支援である。中小企業振興策・シングルマザー救済・NPO活用策など、独自の施策で維新との対抗軸を、鮮明に訴えるべきである。

　いずれにせよ大阪市存続派は、政策・戦略なき状況で、住民投票に突入して、

勝てるはずがなった。都構想へのネガティブ批判しかできなかったが、大阪
維新の作戦ミスで救われた。

　結局、政策論争による大阪都構想の評価ができないまま、賛成派は将来へ
の希望、反対派は将来への不安で、投票を余儀された。ただ市民は、次第に
都構想の“虚構性“が漠然とわかってきた。

政策実効性なき都構想

　注目すべきは、大阪市民の良識は、住民投票のわずか20日前後の選挙運
動を通じて、都構想の虚構性・大阪市廃止の悲劇性を、生活実感から感じ取っ
ていった。

　ノンフイクションライター松本創氏は、都構想は大阪維新にとって「自分
たちが団結し、社会にアピールする旗印。・・・大阪経済を発展させる『成長
戦略』、大阪府・市がかかえる『二重行政』、特に特別区により行政が身近に
なる『ニア・イズ・ベター』。『大阪都』『副首都』という言葉そのものもふ
くめて、実体の見えないイメージだ」[3] で、現実ばなれした改革ビジョンに
過ぎないと分析している。

　しかし、大阪維新のイメージ戦略は、テレビによって増幅されていった。[4]
大阪維新の強さは、マスコミによる創作といえる。

　大阪維新は新興政党という弱点があったので、手っ取りばやいイメージ戦
略による、既成政党との差別化がもっとも有効であった。ブームにのれば無
敵といえるが、政策論争になれば、脆いという弱点があった。

　都構想は、テレビのコメンテータでも、よくわかないという感想をのべて
いるが、維新にとってこの曖昧さが強味であったが、維新改革の意義とは、
善意に解釈すれば、大阪市の減量経営・大阪経済の成長であり、悪意に解釈
すれば政治的には維新政党勢力拡張の方便、制度的には府県集権主義の追求
である。

　都構想をめぐる論争は、大阪維新のイメージ戦術をくずしていった。都構

想の弱点の第1は、都構想が政策的に実効性のない構想であった。市民は二重行政そのものが存在せず、広域行政も単に大阪市の権限・財源を移管する口実だけでという、都構想の欠陥にまでは現実に気づいていなかった。

しかし、都構想の実現は、大阪市廃止・特別区財政悪化という、マイナス症状をもたらす制度の改悪であることに、次第に認識をふかめっていった。

第2の弱点は、どのような改革にもメリット・デメリット、光と影がある。大阪維新は、テーマの欠陥を、二重行政の無駄・広域行政一元化などで粉飾し、魅力的選挙公約で維新主導の選挙へと誘導していく目算であった。

しかし、実質的に有効性のない、テーマのメリットをいくら宣伝しても、かえって反対派に有利という、選挙戦略のミスである。

第3の弱点は、イメージ戦略の弱点を補うため、市民の感覚麻痺を誘う、攻撃する対象を設定する策謀であった。

大阪維新は、大阪市を欠陥自治体ときめつけ、大阪府を完璧な政策実施自治体と対比させ、大阪府に財源・公共投資を一元化させれば、絶対に投資ミスをしない、偶像をつくりだした、稚拙な劇場型政治を推し進めていった。

このような改革への攻撃目標を対象を絞り、敵を作る手法は、ポピュリズムの常套手段であった。しかし、虚構のテーマは、専門家でなくても一般市民でも、冷静に検証すれば、現実にありえない、ビジョンであることは容易にわかる。

第4の弱点は、大阪市廃止の政策的正当性への理論構築を怠ったことである。逆にマスコミ報道・草の根地域活動・無党派層などが、都構想の虚構性を浮き彫りにしていった。これまで市民は、大阪維新の攪乱戦法とか、強引な既成事実化、法定協議会議論軽視など、無謀で独善的な維新の行為を傍観してきた。

しかし、住民投票の運動が開始されると、大阪維新の独善的主張、たとえば喜悦大学調査の特別区設置効果1.1兆円、松井市長の反対派へのデマ・捏造批判など、マスコミ・有権者の心象を悪化させていった。

都構想の説明不足

　都構想敗因について、さきにみたように総括できるが、住民投票の関連で無視できないのが、投票実施へのプロセス・システムの運用の拙さである。松井一郎市長は、「制度がかわることへの不安を解消するには、僕の説得力が不足していた」(5) と、反省していたが、実際は宣伝はしたが、説明はしていない。このような説明不十分のままで、住民投票実施を強行した。

　第1に、コロナ禍の現状で、住民投票をなぜ急いでやるのか。松井・吉村氏に任期は2年半あり、コロナ禍が下火になってからでも遅くはないはずであった。そして特別区設置も 2025 年であった。

　大阪維新サイドの事情があったにしても、都構想実施の緊急性を市民に具体的に列挙し説明しなければならないが、都構想説明会も何を勘違いしたのか、都構想宣伝会議になっていた。

　第2に、行政サイドは、住民説明会の回数・時間を減らし、大阪都のメリットだけの説明で、質疑応答の時間も短かった。そのため、住民は制度改革の必要性について、不信感をかえって抱くようになった。

　住民説明会は、都構想 PR の場でなく、市民に都構想への判断材料提供の場である。柳田清二長野県佐久市長は、同市での住民投票における説明会による、投票判断材料提出・住民相互の討論会などの重要性を強調している。(6)

　この度の都構想・大阪市廃止構想の市説明会は、回数・内容においてお粗末であっただけでなく、行政中立性に悖るものであった。

　ことに住民説明会・テレビ討論会など、松井市長は、反対派のデマとか事実誤認を非難したが、大阪維新は、特別区改革効果 1.1 兆円という誇大効果をさかんに、宣伝している。

　この杜撰な嘉悦大学調査を、住民投票時でも臆面もなく多用しており、反対派の主張を事実無根と誹謗する資格はない。(7)

府市対立解消の制度化

　住民投票の都構想敗北の根本的要因は、その政策実効性の欠如にあったが、戦術的には府市対立解消のため大阪市廃止へと改革をエスカレートさせていった、強引な手法にあった。

　戦略的には大阪市消滅の包囲網を設定し、大阪市の脆弱化・大阪市民の離反工作を中期的に展開するのが、最適の戦略であったが、大阪市廃止という本丸への攻勢で、一気に反対派との決着をめざした。

　第1に、広域行政と大阪市廃止の関連性も、大阪（府市）不幸せの解消のための制度化、すなわち大阪市廃止・特別区設置である。大阪維新は府市行政の蜜月ぶりを、有力な行政成果として強調していった。

　府市とも大阪維新で政権担当をしていただけで、府市合体の成果はない。経済成長では名古屋に劣り、コロナ禍死亡者は、対策の遅れで実質的死亡者は、東京をはるかに追い抜いていた。適正な府市分離の機能分担方式のほうが、実績はあがったのではないか。

　それでも大阪維新は府市不協調の復活を根絶するため、大阪市を廃止し、将来の禍根を断つ必要性を主張していった。大阪維新は、広域行政一元化で粉飾し、大阪市廃止を急務として訴え、かなりの市民が維新の信奉者となった。

　府市分離の「不幸せ」を、大阪市廃止で半永久化する目論みは、住民投票の敗北で水泡に帰した。吉村知事は、若い市民は、二重行政の弊害をしらないといっているが、効果そのものが、大阪維新が作為をもって創作した、捏造の産物であった。

　第2に、大阪維新は、住民投票は、僅差といわれているが、投票数だけみればそうであるが、政治力・資金力だけでなく、大阪都構想の利点を、大阪府市の公的手段を駆使し、宣伝できた賛成派の行政的優位、反対派の実質的劣位を考えると、かなりの格差の敗北である。

　制度としての法定協議会・住民投票などのあり方としても、大阪市存続派は、維新優位の劣勢のもとで、敗北を勝利へ転換させた市民のエネルギーは驚異的で、実質的には大差の勝利であった。

　維新の敗戦の弁は、「これといった潮目はなかった。市民の間で大阪市へのノスタルジーが高まっただけではないか」[8]と嘆いた。「ふわっとした民意」(橋下徹)を、要するにイメージ戦略で、勢力拡大に期待したきた大阪維新にとって、制度改革の評価いうきびしい選択に、民意は現実感覚を取り戻し反対をつきつけた。

　第3に、実効性なき過激な改革に対する危惧である。たとえば関西財界は、成長戦略に府市一致団結・二重行政解消に努力を求めている。「関西の財界人の間では、公言をさけながらも、都構想を推進して制度を大きく変えるよりも、成長戦略を優先すべきとの意見が多かった」[9]のである。

　要するに大阪市廃止で地域エネルギーが消耗するのは、まったく無駄な話で、大阪維新はもっと高次の政策的改革を掲げる、意識革命への自己変革をやるべきである。

　尾崎裕大阪商工会議所(大阪ガス会長)は、10月2日の議員総会で「ノーサイドで、大阪のさらなる飛躍のため一致団結、大阪の成長戦略に取り組むとともに、必要な改革を加速させなければならない」[10]と、府市の経済成長へのリーダーシップを求めていたが、松井市長の「広域行政一元化条例」で、大阪市政は再度，泥沼の紛糾へと陥ることになった。

　第4に、大阪市廃止の後遺症である。実際、広域行政は大阪市が廃止されると、さまざまの不都合が発生する。投票結果をうけて、仲川げん奈良市長は、万博もあり奈良市と大阪市は地理的にも密接した関係。引き続き活力ある大阪府市と連携していきたい」[11]とのコメントを寄せている。

　大阪市がなくなれば、奈良市・大阪府というちぐはぐな連携は、成立しにくいであろう。港湾でも神戸港・大阪港連携といっても、経営感覚が異質の大阪府・神戸市が共同歩調で、実践するムードにはなれないのではないか。

　東京都は戦前から都市行政になじみをもっていたので、東京都・横浜市の

関係もそれほど違和感がないが、大阪府が広域行政といって，都市間行政を担当しても、関係市とも緊密な連携は、短期的に醸成できないのではないか。

注

（1）（2）松本創「『守る』だけでは勝てない時代」『市政研究204号』89頁。

（3）2020.10.20・朝日新聞。

（4）松本創氏は「本来、検証の役割を担うのはマスメディアです。しかし、この10年、維新をめぐる報道では、橋下氏らトップが次々に打ち出す発言を速報しつづけることに、重きが置かれた。立ち止まって内容を検証する余裕がなくなり、結果として都構想のイメージばかりが肥大化してしまいました。新型コロナ禍での吉村洋文・府知事の人気も、同じ構図です」（2020.10.20・朝日新聞）と分析している。

（5）2020.11.2・毎日新聞。

（6）人口約10万人の佐久市で事業費約100億円の総合文化会館建設は、2010年議会は賛成多数であったが、市民の反対意見もあったので、議会にはかり住民投票を決定した。その趣旨は「住民投票は行政と議会での議論から主権者に議論を戻す作業です。私は賛否どちらの立場にもたたず、市民むけ説明会を21回開き、市民から161件の質問は、翌日までに回答を市のウエブサイトで公開しました。行政による正確な情報の提供は、市民の判断材料として必須です。賛成派と反対派の意見のやり取りは、論点が明確になり、聴衆の理解が深まり、市民が十分の意見を整理しやすくなると考えました」（2020.11.27・朝日新聞夕刊）と、説明会の意義・効用を説明している。結果は反対が7割で建設は中断されている。要するに行政は市民討論の機会を提供し、行政の施策を審議してもらう、市長執行部・議会にかわる第3の審議機関といえる。

（7）嘉悦大学調査については、高寄昇三『「大阪市廃止」悲劇への構図』89～94頁参照、以下、高寄・前掲「大阪市廃止の悲劇」

（8）～（11）2020.11.3・毎日新聞。

IV　虚構・都構想と二重行政・住民サービス

1　二重行政と粉飾操作

都構想信奉への画策

「広域行政一元化条例」・「総合区」案が提唱され、大阪市存続派は再度、維新との対立となった。まず第2回住民投票で未解決のままであった，争点を再度検討し、全市民に大阪市存続のメリットを脳裏にうえつけ維新への攻勢を強めなければならない。

「広域行政一元化条例」は、第3回住民投票の前哨戦でなく、本格的全面戦争である。もし広域行政一元条例が全面的に実施されれば、住民投票で都構想反対に投票した市民の労苦が無駄となり、市民の良識も水泡に帰する。

ただ維新の都構想は、原発設置・町村合併などのように、シングル・イッシュのような、一般市民がだれでもわかるテーマでない。だが大阪維新が、知恵を絞って編み出したロジックでもない。

思い付きでつくった発想であるが、粉飾されたビジョンであった。イメージとして魅惑性と曖昧な改革ビジョンが融合し、政策的根拠（evidence）はきわめて薄弱であるが、市民への感染力は強い。

大阪市存続派は、大阪維新による杜撰な嘉悦大学調査などの委託調査をはじめ、副首都推進局が次から次へと報告書を発表していくので、マスコミ・反対派も、大阪維新が仕掛ける、情報戦争に忙殺され、容易に都構想の弱点を突けなかった。

　市民の半数は、都構想への政策検証をくわえる以前に、印象操作で都構想の信奉者に、洗脳されていったが、住民投票がきまると、都構想の全貌・争点がマスコミによって検討された。結果として市民のあと半分は、都構想の呪縛から解放され、都構想反対派になった。

　しかし、今後も都構想は、大阪維新による強引な戦略手段として、反対派への攻撃がつづくが、大阪市存続派としては、都構想の仕組みを１つづつくずしていく地道な努力で、大阪維新の弱体化を図っていくことが、ベストの対応である。

　第１の課題は、都構想の虚構性を崩し、全市民に浸透させ、戦略的には都構想の虚構性を明確化することである。第１に、大阪維新は、古証文となった、高度成長期の大阪市による過剰・過大投資を、攻撃対象に仕立てた。大阪市を二重行政の元凶と決めつけ、一元化施策の合理性を主張しているが、大阪府も過剰・過大投資の共同正犯で、この論理は成立しない。

　第２に、大阪維新は、減量経営的行政改革で、市民を引き付け、政治勢力の拡大に成功した。しかし、職員人件費・議員報酬カット・公共施設の民間委託・公営企業の民営化などは、メリットばかりでなく、デメリットもある。

　公営交通民営化は、合理化は多少すすんだが、都市経営形態としてマイナスである。租税負担が発生し、市財政への還元は100％から15％前後に激減する。さらに普通経済・交通経済の融合による、複合経営の妙味もなくなる。

　第３に、大阪維新の行政改革成果は評価するとして、行財政改革の減量化がどうして大阪市廃止に連動するのかである。大阪市腐敗を根絶するためには、大阪市それ自体を廃止するしかないという強引な改革であるが、大阪維新の会としては、減量化・既得権淘汰は達成したのに、さらなるテーマは、選挙戦を有利にするための党利党略に過ぎないのであった。

　第４に、広域行政一元化で、大阪経済を活性化させるというが、経済は外部環境で大きく左右され、自治体施策での成果は限定される。東京・大阪の戦後成長をみても、国土構造の集積メカニズムの差で、自治体ではどうにもならない。

　近年、大阪経済の外部環境は好調であったので、大阪維新は府市一体の「バーチャル体制」の成果と誇示していたが、コロナ禍で失速したのは、府市一体行政の広域行政一元化のマイナス症状との論理が成立する。

　第5に、広域行政一元化で経済成長はできない。官庁主導の経済振興は、陳腐な公共投資主導型となり、財政悪化ともなりかねない。まして二重行政の淘汰で財源は捻出できない。都構想による大阪市廃止は、百害あって一利なしの愚策である。

　第2の課題は、都構想をめぐる論争で、基本的な政策論争でなく、場外乱闘のような非難応酬と化した。大枠の論点は表1でまとめられているが、反対・賛成派が激しく衝突した。

　第1に、「二重行政」について、「松井一郎・大阪市長が『二重行政はもうない』と言っている」（自民党）、「政令都市をなくさないと解消できない二重行政なんてない」（共産党）、一方、賛成派は「大阪の成長を阻害してきた二重行政を解消する」（維新）、「大阪が日本経済の牽引役となるため二重行政の解消は重要」（公明党）との主張である。

　第2に、「住民サービス」については、「サービスが大きく低下する恐れがある」（自民党）、「サービス維持どころか切り捨て」（共産党）、賛成派は「4人の特別区長が細やかなサービスをする」（維新）、「公明党の提案で、『サービスの維持』を盛り込んだ」（公明党）との主張である。

　第3に、「制度の説明」については、「（大阪市の発信では）市民に情報が正しく伝わっていない」（自民党）、「大阪市の広報はメリットだけ。公平性が担保されていない」（共産党）、賛成派は「大阪市長選で都構想推進を公約にし、負託をいただいた。都構想実現は市のミッションだから市が（推進の方向で）広報するのは当然」（維新）、「（支援者向けに）丁寧な説明をつくしている」（公明党）と主張している。[1]

　第4に、これらの意見にあっても都構想の虚構性は、遂に住民投票でも明確にならなかった。結局、都構想の長所・短所、実現可能性、施策効果性などの政策的検証が欠落したままであった。法定協議会で賛成・反対の公聴会

を開催し、専門家・市民を呼んで十分に議論をするべきであった。

　また本来、市広報が、賛成・反対を詳細に紹介すべきだが、大阪維新の支配下では無理で、維新としては意図的に都構想を公開の場にさらされることを回避したのではないか。

　それならば選挙管理委員会が実施するべきであった。首長選挙などと違い、市民に住民投票をしてくださいとの、投票率アップは必要はないのであるから、制度改革のメリット・デメリットを周知すべきである。

表1　都構想導入・大阪市廃止をめぐる政党見解

賛成（大阪維新・公明党）	主要争点	反対（自民党・共産党）
大阪の成長を阻害してきた。二重行政を解消する。	二重行政の解消	指定都市をなくさないと解消できない二重行政はない。制度改革の問題でない。
戦略がバラバラでは効果がなく、一元化が不可欠。	大阪経済の成長	インフラ整備がすすまなかったのは、費用負担問題である。
4人の区長がきめ細かなサービスを実施する	住民サービス	行政サービスの切り捨てがひろがり、低下する。
府市シミュレーションでは年17~77億円の黒字である。	特別区財政見通し	非常に甘いシミュレーションでコロナ禍の減収・メトロ配当金減額となる
都構想は市のミッションだから、市広報でPRするのは当然	制度の説明・姿勢	大阪市の広報は大阪都構想のメリットだけ、公平性が担保されていない。

参考資料：朝日新聞（2020.10.31）、毎日新聞（2020.11.1）

都構想拡充への三段論法

　まず大阪維新の都構想といった、強権的な改革をなぜ大阪維新がかかげるのか、そのイメージ戦略のからくりをみてみる。第1の課題として、名目は「バーチャル体制」の制度化であるが、本音は府集権主義による政令指定都市大阪市廃止である。

　第1段階は、大阪市政腐敗への撲滅効果をフルに宣伝していき、大阪維新

の行財政改革への信奉性を、市民の脳裏にうえつける。大阪維新への支持層を確保していった。

第2段階は、さらに広域行政にあって、府市対立があり、二重行政による無駄が巨額となり、どうしても府市広域行政を一本化していかなければならない。この一元化推進・二重行政淘汰によって、巨額の財源を捻出すると、改革の実効性をカモフラージュした。

第3段階は、広域行政一元化は、府市が同じ政党の首長であるから、順調に展開できるが、永続化するには、政治的個人的関係でなく、大阪市廃止という制度改革によって、永久不滅に保証するシステムを確立するという、論法である。

第2の課題として、広域行政を府に一元化しても、公共投資の過大・過密投資が発生しない制度的保証はない。広域行政一元化には、大阪維新・府集権主義の野心が潜んでおり、大阪市の権限・財源・事業の府への移管だけである。

第1に、二重行政・広域行政といっても実態はない。市施設と府施設が併存していても、住民が利用していれば二重行政といえない。また広域行政にしても、大阪市の大規模施設・消防事業を大阪府所管にしても、施設・事業もそのままである。

第2に、行政改革の具体的成果と抽象的都構想を融合させ、二重行政という架空の弊害・広域行政一元化という実益のない施策によって、あたかも実効性がある方策に仕立てて、市民の錯覚を誘っていった。

第3に、広域行政一元化条例は、広域行政一元化という、美名のもとに合法を装い公然と実施しようとしているが、政策的実効性は皆無である。大阪維新勢力保持の方便に過ぎない。住民投票で敗北し、改革のエネルギーが喪失した大阪維新に、再度、エネルギーを注入するカンフル剤のようなものである。

第3の課題として、「バーチャル体制」の論理・実効性をみても、広域行政一元化施策の政策的正当性はない。この論理は成立しない。第1に、松井市長は、大阪府と大阪市が対立し、二重行政が肥大化していったので、「制度

を変え、府と市が仕事の役割分担すれば未来永劫、二重行政おさらばできる」[2]
とのべている。

　しかし、二重行政は「大問題かのように認識されているが、作り上げられた都市伝説」[3]と一蹴されている。それはこれら二重行政の弊害などは、多くの仮定の想定に立つ、意図的なビジョンにすぎない。都構想は、二重行政を巧妙に粉飾したが、そもそも存在しないのである。[4]

　関西学院大北原鉄也教授は府と市の対立が二重行政の原因ではない。「2つのビルはバブル経済を背景に建設され破綻した」[5]だけで、「府と市の対立で広域インフラが二重投資となったので」はない。

　第2に、広域行政一元化による、都市振興策による究極のテーマが、副首都構想で大阪市民の経済成長渇望心をくすぐるビジョンであるが、これは印象操作で「完全な幻想」だと否定されている。[6]

　東海道メガポリス・二極化構想は、高度成長期に大阪サイドが提唱したが、開発行政の幻想に終わり、実現の兆しすらない。この死滅した構想を引き出し、魅惑的テーマとしているが、実現不可能なことは歴史が実証している。

　第3に、大阪府に広域行政が一元化されれば、大阪府によって過大・過剰投資が、以前にもまして大規模に実施されかねない。しかもこの暴走を食い止める自動安定化機能は、府システムでは稼働しない。大阪府が摂北・摂南・大阪市と3つの高層ビルを建設するかもしれない。

広域行政と二重行政の捏造

　これら広域行政一元化を、さらに原点の二重行政についてみると、実質的に政策根拠がない施策を、三段論法であたかも実効性のある改革ビジョンに変身させていった。そのため存在しない二重行政の弊害をでっちあげていた。

　第1の課題は、二重行政の演出である。第1に、高度成長期、大阪市は過大・過剰投資で大きな浪費をうみだしたが、政府をはじめ、どこの自治体・企業でも発生した失敗を、大阪市だけがあたかもミスをしたと非難している

が、謂われなき悪質な濡れ衣である。

　実際、大阪府も過大無謀投資をしており、大阪府も共同正犯であるが隠蔽したままである。

　二重行政は府市行政全般にあるかのようにいわれるが、その実態は、観光行政でも府・市の観光行政は重複しても、対象・戦略がことなるので実質的には重複行政といえない。

　大阪市が道頓堀の景観をより魅力化し、大阪府が広域観光ルートを宣伝するという相乗効果がある。これをまとめたがるが、広域化は万能でなく、実際は両方も上手にはいかないのである。

　第2に、大阪維新の都構想の目的は、「ここ数十年の大阪の停滞の大きな原因は、大阪府と大阪市の二重行政、つまり政令指定都市の大阪市が豊富な財源と権限のもとで府とおなじような事業を行う仕組みにあります。そこで『大阪維新の会』は府と市を統合・再編成する『大阪都構想』を掲げました」[7]と、原因をあげているが、具体的事業・施策は大学・施設の統合だけである。

　しかし、極論すれば、大阪府市が大阪市内で、再開発ビルをそれぞれ建設しても、事業収益をあげれば、問題はない。制度・形態が問題でなく、自治体の投資戦略の問題で、一元化しても大阪府がそのままでは、過大・過剰投資は繰り返される。

　第3に、吉村知事は、都構想の目的を「都構想の大きな目的は、2つ。1つは二重行政を解消することで大阪の成長をめざす。もう1つは住民サービスの拡充をめざす」「二重行政については、大阪市と大阪府がそれぞれ同じ権限をもって狭い大阪というエリアの中で、同じような仕事を二重にやって、大阪の方向性を決めることができなかった」[8]と、指摘している。

　大阪府は、「大阪市と府をあわせて府市あわせ（不幸せ）と、揶揄される状況がずっと続いてきた。大阪の成長を阻害する積年の課題だ」[9]と言及している。府県・大都市が仲がわるいから、成長できないという、推論は愛知県知事・名古屋市長の関係をみると、成立しないのではないか。[10]

　第4に、大阪市を廃止して誕生する擬似都制は、東京都の実態をみても、

臨海副都心など無謀・過大投資がおこなわれている。大阪市を廃止し大阪府に行政一元化をしても、大阪府の開発優先といった、体質が治癒されなければ、再度発生する。要するに公共投資のミスは、制度の問題でなく自治体の政策センスの問題である。

　第5に、吉村知事は「自治体がどう牽引するかが都市の成長に大きく寄与する。世界の諸都市もそこに非常に力をいれている」⁽¹¹⁾と、そのため広域行政一元化で大阪府に公共投資を集約すると説明している。

　しかし、都市圏の経済を引っ張っていくのは、中心都市の求心力・集積力であって、広域的基盤整備ではない。大阪観光といっても極論すれば、道頓堀・黒門市場の賑わいであり、グリコ看板だといえる。

　要するに広域行政一元化条例の実体は、存在しない二重行政を口実に、大阪府による大阪市の権限・財源・事業の収奪である。

重複投資と誤謬の選択

　第2の課題は、二重行政の原因を、解決不可能な府市対立と断定している。それは為にする理屈であり、二重行政は存在しないのに、二重行政を巨額の無駄との幻想を振りまき、協議・協調では解決不可能とし、大阪市廃止へと強引に連動させていった。

　おおくの市民は、二重行政が詐術の創作であることを突き詰められなかった、公的な松井市長・吉村知事の言い分を鵜呑みしてきたが、市民を責めるのは酷である。ただ住民投票の論争で、やっと気が付いたのが現実であった。

　第1に、二重行政の過大算定である。当初、二重行政淘汰の効果は、年間4,000億円という、途方もない金額を算出していた。

　公共投資のみでなく、同類の府市公共施設はすべて二重行政の無駄とみなした、詐術の数値操作であった。実際の統合効果は信用組合・研究機関統合で約4,000万円程度で、それも市立施設廃止による大阪市政の行政水準低下をみると、総合効果はマイナスといえる。

　しかも同類の施設を府市が建設しても、十二分に活用されているので、二重投資でも過大・過剰投資でもなく、まして二重行政とはいえない。

　第2に、調査・研究機関でも二重行政と非難されたが、都市行政にあって調査・研究機関は不可欠で、府への統合は、一見合理的にみえるが、調査・研究機関なき大阪市政・区行政は停滞し、本来の行政ができないので、マクロでみれば、非合理的施策といえる。

　第3に、大阪府は広域行政は、府の専管行政とみなし、公共投資などの独占を図っていこうとしている。広域行政の財源として、二重行政という架空の財源を演出し、過大・過剰投資で再度、公共投資主導の地域開発をすすめようとしている。

　しかし、時代錯誤の「誤謬の選択」で、財政破綻の恐れすらあり、再度、公共投資選択ミスの後遺症に、悩まされる羽目に陥るかもしれない。

　第4に、地方自治法の調整会議とか、府市公共投資の機能分担といった、妥協策を抹殺している。しかし、一般的に府県・大都市の機能分担はすすんでいる。[12] 大阪市でも従来、機能分担・共同事業は実績をあげていった。

　高度成長期、大阪市は梅田都心再開発、大阪府は千里・泉北ニュータウンなどを実施し、公共投資の棲み分けがなされ、府市での重複投資はなかった。大阪府が補完の原則からみて、敢えて大阪市のエリアに介入しなかった。突如として二重投資がでっちあげられたが、大阪維新の意図的な操作である。

　第5に、公共投資は府市だけでなく、政府も大阪府内で実施している。阪神高速道路・阪神国際港湾株式会社・大阪湾広域臨海整備センターなどなどであり、一元化論理では政府方式が実績をあげている。[13] 東京地下鉄は営団方式のみであったが、戦後、東京都が公営地下鉄を造り、二重行政とみなされているが、東京都が補完原則で建設したに過ぎなかった。

　ただ水道・交通でも広域化の対応を採用すればよいのではない。経営責任が広域化で曖昧化してしまう、経営形態は欠点が見られる。

　むしろ府市が、その地域経営の特性をそれぞれ活かして、機能分担をするほうが、相乗効果がある。観光でも大阪市が道頓堀の観光景観整備、大阪府

が府県広域連携で、観光ルート宣伝などを実施すればよいといえる。

　第3の課題は、大阪市廃止である。吉村知事は調整会議などは眼中になく、大阪市廃止にこだわる。「制度的に欠陥があるんだから、制度的に解決しましょうということ。維新が生まれる前の二重行政になりやすい制度だった。制度的な欠陥だとおもう」(14) と、あくまで大阪市廃止に固執する。

　しかし、このような廃止論は、改革論・政策論・制度論として、論理の飛躍がある。公共投資を大阪府に一元化すると、強大な権限・潤沢な財源をもった、大阪府が過剰・過大投資へと暴走する危険性が高まるが、自律的抑制機能は稼働しない。府市競合投資の時代よりさらにひどい、公共投資の無駄が発生する。

　二重行政淘汰の財源で、経済振興策を展開する。ただそのためには大阪府・市が共存していれば、二重行政がなくならないので、大阪市廃止をし、政治的のみでなく、制度的に根絶するという三段論法である。

　大阪府に大阪市の権限・財源を付託し、完全無欠の大阪府が、全権を掌握し、罪深き大阪市は制度的に抹殺するという図式である。しかし、このような独善的な府集権主義が、罷り通る大阪にしてよいはずがない。

　しかもこの論理構成には、詐術が紛れこんでいる。まず二重行政は存在しておらず、二重行政廃止でも財源効果はない。広域行政はかえって、過剰・過大投資の誘因となる。政策検証をすれば、大阪市廃止の必然性はない。

　大阪府サイドから制度的欠陥のため、大阪市廃止というが、大阪市サイドからは、特別自治市で、大阪府から権限・財源を収奪し、政令指定都市拡充による、大阪府脆弱化という、逆の改革も、都市自治権として政策的正当性を有すのである。

　存続派は大阪維新の改革攻勢にいつまでも受け身でなく、反転攻勢の理論武装・制度ビジョンを固めていかなければならない。

注

（1）2020.10.13・朝日新聞。（2）2020.10.12・朝日新聞。

（3）山中智子・2019.9.6・朝日新聞。

（4）二重行政については、高寄・前掲「大阪市廃止」86〜89、92〜98頁。

（5）2020.10.11・朝日新聞。

（6）藤井京大教授は、吉村知事は「大阪都構想をやれば大阪は成長し、東京市と同格の都市になれる。そしてその理由は、無駄な二重行政を解消するからだ」（藤井・前掲「大阪市民への詐欺」12頁）という論理を展開しているが、この稚拙な経済論が、都構想の魅力として、一般市民を惑わしていると批判している。

（7）吉村ら・前掲「大阪から日本は変わる」4頁

（8）（9）2020.10.29・朝日新聞。

（10）この点について、「愛知県では大村秀章知事に対するリコール運動が起きています。名古屋市の河村たかし市長も参画するほど両者は仲が悪いのですが、愛知県は成長していないですか。国内総生産（GDP）の都道府県版「県内総生産」で、大阪府は愛知県に抜かれているのです」前掲「都構想の嘘と真」12頁）要するに地域の首長不和は地域経済成長にあまり関係がない。二重行政にしても架空の産物といえる。2020.12.18、2020.12.19・朝日新聞「底流2020」参照。

（11）2020.10.29・朝日新聞。

（12）兵庫県・神戸市の実態をみると、県は神戸市以外という伝統的方針を堅持し、おおくの県立施設を県圏全体に配置している。もっとも神戸市にも県立施設が建設されていったが、病院では総合病院は神戸市、専門病院は県という機能分担がなされ、県はこども専門病院を運営している。文化施設では神戸市は博物館を整備したが、美術館はなかったので、県は美術館を神戸市内に新設した。府県は専門・調整・補完・広域といった、本来の府県機能を遵守すべきである。

（13）広域行政一元化の実現効果が乏しい点について、高寄・前掲「大阪市廃止の悲劇」125〜129頁参照。

（14）2020.10.29・朝日新聞。

2　住民サービスと特別区財政

巨大特別区の機能不全

　第2回住民投票で最大の争点となったのが、区財政と住民サービスの関連であった。法定協議会で決定された都構想では、大阪市を廃止し、4特別区（図5参照）に分割する案であった。現在の24区制を、数区統合する案であるが、人口60～75万人に再編成し、巨大特別区創設となるが、特別区の行政コスト削減だけでなく、財政力格差を可能最大限に縮小させる必要があったためである。

　しかし、人口70万人は指定都市に匹敵する規模で、ニア・イズ・ベターという身近な行政サービスという、大阪維新の改革案から、似ても似つかない巨大特別区となっている。

　しかも旧大

図6　4特別区の区割り・人口・本庁舎の位置・議員定数

◆…本庁舎の位置

淀橋区 59万6千人
現淀橋区役所
議員定数 18 人

北区 74万9千人
現大阪市役所本庁舎
（中之島庁舎）
議員定数 23 人

天王寺区 63万6千人
現天王寺区役所
議員定数 19 人

中央区 71万6千人
現中央区役所
議員定数 23 人

出典：朝日新聞（2020.10.13）と第31回大都市制度協議会（2019年12月26日）

阪市庁舎を活用し、北区以外の3区が同居し、区職員の大多数が特別区庁舎で勤務しない異常な状況となり、災害時だけでなく、日常区政にも重大な支障が発生し、行政コストも肥大化するおそれがある。

このように大阪市を分割した特別区ては、大阪市と比較して、景気変動、自然災害、人為的災害（伝染病）、行政改革などの変動への対応力が低下する。

大都市は府県といった行政管理形態の性格が強い府県より、現地総合性の実績があり、外部環境の変化への対応力はすぐれている。

特別区行政の総合性欠落

区制再編成は果して市民サービスの向上となるのか改めて検証してみる。

第1の虚構は、ニア・イズ・ベターである。4区制は外見的には巨大化し行財政力は向上した感があるが、ニア・イズ・ベターの基礎的団体としては問題がある。

第1に、巨大特別区である。吉村知事は、「今は270万人の市民を一人の市長がみているが、基礎自治の業務は身近なところで決定できる人を選んでいくのが重要だ」[1]と、特別区制度が最適としているが、4区制でも身近な行政はできない。

第2に、4特別区は、大阪市廃止の副産物で、大阪市廃止という重大な事実を無視している。公選区長というが、公選大阪市長の代替機能を発揮できるのか、おそらく不可能である。財源・権限・事業だけでなく、対外交渉力にあっても、格段に見劣りがする。

第3に、行政能力にあっても、専門機能とサービス機能が不可欠で、単なるサービス機能だけでは、高次の都市サービスはできない。分割された特別区では、さらに行政能力は弱体化する。

第4に、財政能力も、大阪市の財源をすべて、委譲されるならともかく、4区分割のコスト増加をみても、財源不足は避けられない。また交付税の合算方式で、特別区財政力格差が拡大しても、交付税はふえない。

　さらに生活サービスの増加テンポは、公共投資よりはるかに大きい。常識的にみても、特別区財政が行き詰まるのは歴然としている。

　第5に、特別区行政の現地総合性喪失である。指定都市の利点はなく、行財政能力の低下・4区分割の欠陥など、政令指定都市方式と比較すれば、格段の落差がある。

　吉村知事は「反対派は『指定市のままだからこそ、高い住民サービスが維持できる』と言うが、指定市だからできるわけでない。財源を生み出す成長の根幹が必要で、大阪の成長というところにつながってくる」[2]と、広域行政一元化による経済成長が肝要としている。

　しかし、反論は論争の核心からの逃避であり、地方税がふえても府税が大半で、特別区税は微々たる額である。また地方税がふえても、交付税が減額となりほとんど財源はふえない。そもそも自治体の経済施策による地域経済成長への効果は限定的である。

　第6に、大都市財政を保持する方式は、都制でも特別区制でもなく、指定都市制度である。戦後、大都市が努力し、政令指定都市を確保し、多くの地方中核市が追随している現実をみれば、政令指定都市は府集権主義から、市民生活を守る制度的防御装置であることは、わかりきった事実である。

　第7に、大阪市を廃止して、特別区だけで高水準の住民サービスができるわけがない。財政問題を割愛したが、都構想は大阪府による合法的な大阪市長の権限・財源収奪であり、大阪市なき特別区は、大阪府の完璧な下部機関化である。[3]

　第8に、行政運営における行政力学として、府の支配メカニズムに対する市の抵抗のメカニズムを、重視しなければならない。

　特別区になれば、一般財源配分にあって、4分の3近い財政調整措置をつうじて、大阪府の特別区への統制力は決定的であり、行政サービスより、府政への協力・負担団体化のおそれが十分にある。

特別区財政の脆弱性

　第2の虚構が、特別区財政安定・強化の虚構である。住民投票でも、その将来推計をめぐって激論が交わされたが、制度設計からみてさけられない。[4]

　住民投票が迫ってくると、俄然、特別区財政と住民サービス関係が問題となり、住民投票の勝敗を決定する核心となってきた。しかし、特別区財政については、法定協議会でも曖昧模糊の状況で、意図的な大阪維新の特別区財政デメリットの不算入が行われ、財政危機が隠されていった。

　第1の課題は、特別区財政の制度・システム設計である。第1に、大阪市廃止後の財源配分である。大阪市税・交付税が、すべて特別区税に委譲されるのでない。

　約2,000億円が大阪府の財源となる。2016年度ベースでは、目的税交付金391億円、財政調整財源1,031億円、地方譲与税・宝くじ収益金・大阪府交付税増加342億円など，約2,029億円である。注目すべきは、大阪府は指定都市の後継者として、財源を確保していることである。

　第2に、大阪市を廃止し特別区とすれば、交付税合算方式で補塡機能はあまり働かない。大阪府は被害がないが、特別区の被害は甚大である。4区にあっても、経済・社会変動で財政力格差拡大はさけられないが、交付税合算方式で旧大阪市分として算定され交付税はふえない。

　この点について、法定協議会の財政分析はない。無理をして4区制にし、交付税の財政需要・財政収入の均衡化の対応策を採用したが、問題は特別区設置後、どうしても特別区の経済・社会構造変化で格差が発生するが、府市財政調整財源で補塡するが、交付税合算方式で財源不足は否定できず、府・特別区間で紛糾することは避けられない。[5]

　第3に、4区に分割すれば、規模の利益は失なわれ、分割によるコスト増はさけられない。一部事務組合方式が増え、4区の事務利害調整・連絡費も飛躍的に増加する。

　旧区役所も窓口機関として存続するので、合区効果はなく、地域組織の区・地域の経費増加となる。市民にとっても、窓口機関ではすべて対応できず、区役所へいく時間・交通費などの支出について算入はない。(6)

　臨時費は別として,特別区財政の計上費コスト増年間約 50 億円と推計されているが、4 区財政規模は約 6,500 億円（2025 年）で、50 億円は 0.8％に過ぎない。どう考えても増加額はすくない。これらの点からみても、特別区財政の貧困はさけられない。

　第 4 に、特別区財政は生活行政中心となるが、将来需要は大きく、有力財源が欠落している状況では、財政破綻に陥る可能性も十分にある。従来、建設事業・公営企業の財源補填で補填してきた調整機能も稼働しない。さらに財政調整・財源対策・減債基金など、ストック会計からみた、安定機能が劣化している。

　第 2 の課題は、特別区財政の将来推計である。特別区財政が 4 分割・大阪府への財源委譲で苦しくなることは歴然としている。しかも法定協議会・松井市長も住民サービスは、特別区移行時点までで、その以後は公選区長・特別区議会がきめればよいと、その後どうなるか言及していない、奇妙で無責任な状況となっている。

　しかも特別区は一般的に想定される、基礎的住民サービスを実施するだけでない。大阪市の事務事業にあって広域行政関連は府へ移管されるが、残余は特別区が全部引き継ぐことになる。

　第 1 に、特別区財政の将来推計で問題となったのが、交通局事業収益金による補填で、新型コロナ禍で収益が、減少するのではないかの危惧であった。

　松井市長は特別区設置は 2025 年で、コロナ禍はそれまでには終息していると断言していたが、問題は交通局事業収益金という民営事業の収益を、自治体の補填財源とする財政システムが問題である。政府財政が JR の収益金を当てにして、財政運営をするかである。

　本来、このような他会計・事業からの支援金は、財政調整基金・災害対策基金・新庁舎建設基金との積み立てる性質の資金である。

　第2に、将来推計で財政局と副首都推進局の推計値に大きな違いがみられることである。財政局推計（2020~2029年）で市財政977億円の赤字であるが、副首都推進局の特別区財政推計（2025～2036年）の累積黒字826億円となっている。

　大阪市・特別税の財政という推計ベース・推計年度の相違があるが、大阪市が黒字で特別区が赤字は納得できるが、逆はどう考えても不自然である。[7]

　住民投票が迫ってきて、コロナ禍もあり反対派の追求がきびしくなると、まず副首都推進局が、8月11日にコロナ禍の財政への影響があっても、交付税で補填され問題がないとう財政シミュレーションを発表し、特別区財政安定への支援となった。

　しかし、9月9日に財政局が2020年度の大阪市財政約636億円の赤字に陥る状況を算出した。約500億円の税収減・大阪メトロ赤字転落・コロナ禍対策約500億円で、交付税の補填があっても、財政がきびしいとの見解であった。

注

(1)(2) 2020.10.29・朝日新聞。

(3) 藤井聡京大教授は、都構想は「過激な行政改革」とみなしており、その改革実態「これまで大阪市がもっていた予算と権限の多くを、大阪府全体のことを考える大阪府が『吸い上げ』てしまうのである。・・・・その結果、いまの大阪市民たちは、自分たちの利益『だけ』を考えくれる行政が、きわめてかぎられた予算と権限しかもたない『特別区』に（大阪市から）大幅に格下げになってしまうのである」（藤井聡「巨大な詐欺」14頁）といわれている。

(4) 特別区財政については、高寄昇三『大阪市廃止と生活行政の破綻』63～708頁、高寄・前掲「大阪市廃止の悲劇」58～66頁参照。

(5) 特別区の財政調整における紛糾については、同前62～66頁参照。特別区財政と交付税合算方式については、同前29～35頁

(6) 4区制の市民負担増加については、同前93頁参照。

(7) 財政局・副首都推進局の財政推計については、同前46～60・94～96頁参照。

3　特別区財政推計と財政局処分

財政局区分割交付税試算の波紋

　さきにみたように特別区財政は、大阪維新・副首都推進局の試算は、減量経営的圧縮財政で、4区制による分割団体経費膨張・非効率行政システム、区庁舎は建設費ゼロ、交付税合算方式の矛盾など、マイナスの財政需要は不算入の推計であった。

　机上演習的に黒字であっても、実際の特別区財政は赤字は必須であった。それ故に大阪維新は、無理な財政推計で粉飾していこうとしたが、かえって特別区財政への不安を煽ることになった。

　これまでの特別区財政推計をみる。第1に、大阪維新の嘉悦大学報告書は、粗雑な推計であったが、大規模大阪市より小規模特別区の方が、適正規模の経費が年1,140億円減少するとの試算であった。

　しかし、年1,140億円の節減効果は過大算定として批判されたが、大阪維新は平然と住民投票にあって、都構想のメリットとして宣伝していった。

　この推計は、モデル1として、法定協議会の4区財政の合計額と、現在の特別区財政実績推計値を比較している。モデル2として、4特別区を同規模の都市自治体の財政支出をベースに算定したが、一般都市は大阪特別区にくらべ財政需要が小さく、推計ではコスト減となるのは当然である。

　この嘉悦大学調査は、財政指標採用の統一性がない杜撰な推計であったので、公式の特別区財政推計として採用すべきでないとの反対が、法定協議会で主張された。しかし、大阪維新は節減効果の巨額に幻惑されたのか、イメージ戦略では活用効果が大きいとみなしたのか、住民投票では大々的に宣伝していった。[1]

　第2に、大阪市存続派にとって、嘉悦大学報告書の10年間特別区効果1.1兆円が流布されるのは、何んとしても阻止しなければならなかった。

　2019年6月の法定協議会で、自民党川嶋広稔市議は独自で試算した数字を根拠に、特別区財政運営に懸念を示し、重点的に議論するよう求めた。しかし、法定協議会今井豊会長は、法定協議会の議題とはしなかった。

　大阪市にあっては、政権党でない自民党川嶋市議は、「知事、市長がこの場で提案したら職員が総動員でやってくれるが、我々はそういうことでもできない。正しい数字に基づいて制度論ができればと思っているので、よろしくお願いします」[2]とだけ、会長への要望にとどめるしかなかったと、無念の思いをのべている。[3]

　第3に、都構想賛成派は、特別区財政推計の黒字化を画策し、反対派は赤字化を算定する意向が強い。中立とみなされる、市説明会の推計試算は2025～2039年度黒字17～77億円の黒字となっている。しかし、松井市長は10月13日、黒字240～300億円を算出し発表した。

　試算の根拠は、「市の試算は今年度当初予算を基礎としているが、新しい見通しは14～18年の決算に基づく予算計上したが、使わなかった財源のうち特別区に平均223億円が配分されると見込み、これを上乗せしたといころ、大きく上ぶれした」[4]と説明されている。

　しかし、財政操作として予算未執行額を、特別区に充当するのは問題で、繰越金とか基金充当とか、別の使途があるはずである。副首都推進局は「過去5年間の決算の実績は府議会で報告したが、その数値を使った財政見通しは作っていない」[5]とのべている。

　市長がこのように推計算定者・算定操作などが、曖昧な推計結果を発表するのは、特別区財政推計問題の混迷をさらに深めることになる。市長は担当部局に財政推計データ・推計手法を公表させ、法定協議会などで十分に検証されるべきであった。

　第4に、特別区財政については、従来から論争されてきた。特別区設置で1.14兆円も効果があるならば、特別区財政の将来推計に、具体的にどう貢献

するのか、実態を説明する必要があった。

　特別区財政将来推計では、行政当局、すなわち賛成派は、初期投資214億円・経常赤字年30億円とすると、10年ベースで514億円増となった。一方、自民は区新庁舎制度を算入した、1,400億円の赤字額を算出していった。

　双方の算定ベースは、異なるが、それぞれの立場で、論議をすれば済む問題であるが、維新は高飛車に否定したので、非難の応酬と化した。新区庁舎を建設せず、旧市庁舎で淀川区など3区は、職員の大半が勤務する羽目になるが、旧区役所に窓口・管理部門の職員がいても、災害時には対応は不可能である。

　仮に15年後、新区庁舎を建設しようとしても、特別区財政推計には算入されておらず、未来永劫に間借り庁舎で対応する特別区などは考えられない。

　大阪維新は、特別区設置で、1.14兆円の効果を発表しているが、それならばどうしてこんなしみったれた旧市庁舎を、4区合同庁舎として同居するのか、しかも区庁舎問題は、説明会では論議の俎上にもあがっておらず、市民討論の場でなく、行政の都構想擁護の場であり、本来の説明会の体をなしておらず、市民に都構想を賛成してくれといっても、無理な注文であった。

　第5に、特別区行政は、特別区間の調整・財源配分の交渉・府許認可の増加・財政力格差の拡大・区議会との紛糾と、大阪市と比較して、はるかに多くの紛糾要素がある。

　さらに特別区の対外交渉力は、中央省庁への陳情でも相手にされず、府との折衝でも分割統治され、要求貫徹はきわめて困難である。

　財源配分の権限を大阪府がにぎっており、許認可権も考慮すれば，まさに生殺与奪の権限を府に握られているのと同様である。

　大阪府の特別区への支配は、決定的優位となり、行政サービスより、府政への協力・負担団体化のおそれが十分にある。[6]

　第6に、大阪維新は、東京特別区は立派に区政を運営し、サービスの充実しているというが、東京都・特別区とも不交付団体であり、大阪特別区と東京特別区は、実質的には2倍近い財政力格差がる。それは1人当り特別区税

で 25％前後高く、事務分担が大阪特別区は約 1.6 倍高いからである。[7]

　これらの点からみても特別区財政は、財政制度としても運営システムとして、欠陥がおおく、住民サービスを向上させることができず、基礎的行政サービスの維持すら困難といえるのである。まして独自の区サービスなどはできない。

財政局幹部の懲戒処分

　松井市長はこれまで、財政当局に財政決算・推計の修正を指示していたが、財政局は数値操作裁量の範囲内で応じていた。しかし、市長が戦術的な思惑で意図的な変更を命じることは、自制すべきである。

　市長といえども、専門部局の一定基準にもとづく財政数値の変更を求めれば、基準が揺らぎ、財政数値の信憑性がそこなわれ紛糾を誘発しかねないからである。

　財政推計は、どのような方式・数値を採用するかで、どのようにもなるもので、問題は推計根拠・推計システムを公表し、外部の評価に応えていくという、謙虚で公平な姿勢が、推計当事者がもっているかどうかである。

　大阪市の財政推計にあっても、松井市長は財政局のきびしい財政推計について、しばしば修正を指示し、再推計がなされるが、新規財政要素が発生すると、財政局が再々推計を算出し、財政推計は容易にさだまらない不安定な状況がつづいた。[8]

　特別区財政の将来推計は、副首都推進局が推計していたが、反対派のきびしい追及もあり、住民投票が迫ってくると、適正な推計への要求は、次第に高まっていった。

　財政局は、住民投票の直前の 10 月 26 日にたまたまマスコミの要請に応じて、大阪市 4 分割を交付税の財政需要方式で算定し、総額 7,158 億円、年間 218 億円多くなり、4 分割方式では経費膨張すると試算した。その意図は、混迷する特別区財政推計の紛糾を鎮静化するためであった。

　この試算は、特別区財政問題が紛糾していたので、賛成派にとっては痛手であったので、松井市長は「交付税の実態としてはありえない」「世の中にない数字を提供するのはねつ造」と、財政局長をきびしく叱責した。

　吉村知事は毎日新聞が、一面トップで報じたので、「メディア暴挙」といきりたっているが、大阪維新はこれまでいくら虚偽の情報をながしたかわかない。反論を報告書にまとめて公表すれば済む問題であるが、投票直前であり、住民投票に与えた影響は否定できない。

　財政局交付税試算の何が問題となったのか。財政局は単に大阪市交付税算定の分割方式の基準財政需要額を算定しただけで、大きな論議の対象となるとは予想していなかったのではないか。

　しかし、毎日新聞（2020.10.26 日夕刊）は、一面トップの記事となった。提供した財政資料が一面となるか三面となるか、どのように報道されるかまでは、行政の関知できないところで、一体何が問題となったのか。

　第1に、特別区の交付税算定ではない。あくまで大阪市を4分割した交付税の基準財政需要の算定である。財政局は 2020 年大阪市基準財政需要額は 6,940 億円であるが、4分割すると 7,158 億円と 218 億円多くなると試算しただけである。ただ交付税方式試算ははじめての試算である。

　第2に、毎日新聞は交付税システムでは、「市を4特別区に再編する『大阪都構想』の収入合計は市単体と変わらず、行政コストが同様に増えれば特別区の収支悪化が予想される」[9] と、説明を追加している。

　この交付税合算方式は、筆者などが強調してきた、特別区財政のアキレス腱であるが、大阪維新は意図的に黙殺し、反対派も財政収支・財源配分・行政費用に注目したが、特別区財政のシステム欠陥については重視してこなかった。

　第3に、法定協議会は 37 回開催されたが、大阪維新は交付税問題はタブー視し、副首都推進局は指示がなかったから算定しなかったと弁明している。

　東京都・特別区は富裕団体で問題はないが、大阪府・特別区は交付税団体できわめて重要な問題であり、当然、審議すべき問題であった。しかし、大

阪維新は未必の故意といえる行政怠慢で、算定を副首都推進局に指示しなかった。

　財政局試算・毎日新聞論評は、交付税方式で大阪市を分割すると、経費は膨張する。この点、特別区分割でも同様で、それは交付税合算方式の制度的欠陥があると指摘しているに過ぎない。

　松井市長は、この試算を特別区財政試算と勘違いし、府移管の広域行政費が算入されていないと、ありえない試算として激怒している。しかし、試算は捏造でも、政治的意図をもったものでもなく、純粋に特別区財政の制度的問題を指摘したに過ぎなかった。

　この経過（表2参照）は、まとめられているが、特別区財政が賛成・破綻派で激論をかわされていた最中であった。しかも松井市長が常づね強調し、批判をそらす口実としてきた行政専門家の推計であり、市民はやっぱり特別区財政は危ないとの懸念から、都構想反対へと、多くの市民が決断したと推測される。松井市長としてみれば、憤懣やるかたない気持ちであったであろう。

表2　大阪市財政局の試算をめぐる経緯

9月30日	中村昭祥・財務課長が日経新聞に試算結果を回答
10月 9日	中村課長が毎日新聞と大阪日日新聞に試算結果を回答
15日	毎日新聞記者が中村課長に記事の草稿をお示し、内容確認を求める
25日	毎日新聞記者が中村課長の私有携帯に草稿の画像をメール。内容確認を再度求める。
26日	中村課長が東山潔・財政局長、佐藤晴信・財務部長と画像を共有。毎日新聞夕刊に記事記載。松井市長が報告をうけておらず、試算方法も適正でないと批判。
27日	東山氏が記者会見。「試算は特別区設置のコスト増とはまったく関係ない」と説明。
29日	東山氏」が再び会見。「誤った考え方に基づき試算した」として試算撤回
11月 1日	住民投票で都構想否決
11日	市議会で毎日新聞記者が草稿を中村課長に事前提供していたことが明らかに
13日	市議が、草稿について情報提供を要求、財政局内で画像は公文書にあたると判断
15日	画像の一部を破棄
12月24日	市が東山、佐藤、中村3氏を懲戒処分

出典：朝日新聞（2020.12.25）

　財政局のコメントは「都構想の4特別区の行政コストが今回の試算と同額になるとはかぎらないが、行政コストが上がることになる」(10)と予測していた。当然、都構想推進という市政に不利益な行為であり、処分となった。

　東山潔・財政局長は減給10分の1（6ヵ月）、佐藤春信・財務部長と中村昭祥・市立弘済院連絡調整担当課長＝当時財務課長＝は減給10分の1（3ヵ月）であった。処分は市人事監査委員会の意見を踏まえ、地方公務員の信用失墜行為などにあたると判断したといわれている。

　処分理由は、市人事室によると、「住民投票にどのような影響が及ぶのか十分に考慮し、慎重に判断すべきだった」(11)と説明している。なお試算については「理論上の数字で間違っていない。説明も尽くした上で提供している」とし、出した時期が問題だったとの認識を示している。(12)。

　さらに市が今回の処分で、もっとも問題視されたのは、記事の草稿の毎日記者とのメールでの交信であった。「公文と認識しながら隠蔽し、その後破棄した」(13)ことだといわれているが、さきの財政試算の強権的処分から目をそらすための措置ではないか。(14)

　ただマスコミが記事の草案を行政と調整することは異例で、毎日新聞は「記者が取材相手に草稿を渡した点は、専門的な内容について慎重に取材し正確に報道するためであったが、軽率だった」(15)とコメントしている。

　問題はメール交信が公文書に該当するのか、財政局の早合点ではないか、公文書管理法は「行政機関の職員が職務上作成し、また取得した文書」を組織的に保有している場合などが公文書にあたるとされている。(16)

財政資料公表と公務員の責務

　新藤宗幸・千葉大学名誉教授は「試算は（都構想で）特別区に分割された場合の財政状況を見極める上で意味があった。本来は、市として特別区の試算を示すべきだった。処分は重すぎるのではないか」と指摘している。草稿については「決裁を取っていない試算について書いてあり、マスコミから受け

取ったもの。必ずしも公文書に当たるとは言えない」と判断している。[17]

東山財政局長らは、公文書破棄で処分されているが、違法処分として人事委員会・公平委員会に不服申立（地方公務員法第49条の2）をすべきである。波風をたてたくないとか、早期の鎮静化を図っていきたいといった感覚でなく、「権利のための闘争」として実態を明確にする責務がある。

しかし、東山局長の対応は「特別区設置を前提とした試算ではない」「誤った考え方に基づき試算した」[18]と、自分の過失をみとめている。しかし、屈辱に耐えて反省の弁をのべた、局長の真意は別のところにあるかもしれないが、敢えて批判すれば、これでは試算提供の正当性を否定する自殺行為である。「試算は住民投票の判断資料として提供した、財政分析で不利・有利は新聞報道を通じて市民が判断するもので、試算は行政機関の責務としての行為である」と主張すべきである。そもそも公務員が、選挙の勝敗を意識して、試算の内容、発表の時期を配慮する必要性はない。「発表が住民投票直前で、タイミングが悪かった。慎重に処理すべきであった」[19]といった批判は、特定政党に有利に行動するべきとの政治行為を迫るもので、それこそ公務員法違反である。

財政局試算が選挙にどれほどの影響をあたえたか不明であるが、松井市長など大阪維新サイドが、試算を都構想に不利なデータとして騒いだので、かえって新聞で連日報道され、特別区財政の危機がクローズアップされた。

結果として、住民投票反対になったともいえ、大阪維新が試算を黙殺し、みずから敗因を醸成していったといえる。

しかし、財政局幹部処分は、まさに大阪維新の強権発動だけでなく、橋下徹が展開してきた恐怖政治の片鱗がみられる。これによって政権に不利な事実・情報は隠される秘密主義が浸透することになる。

政策的にみて市長に有利な情報を提供すれば褒められ、不利なデータを公表すれば処分されるのは、どう考えても理不尽である。時期が問題、市長決裁を得るべき、秘密情報のリークといった批判はあたらない。

交付税算定は単なる財政資料であって、ラスパイレス指数とか財政力指標

の算定データと類似数値で、市長決済は必要でない。発表の時間が問題というが、マスコミの求めを口実をつくり拒否すれば、批判は免れない。一般的に必要なデータは、提供せざるをえないのではないか。

　行政機関は、市民・研究者・マスコミの資料要求があれば、可能最大限の努力をして、市政に有益と判断すれば提供する責務がある。市長の立場を配慮して、政治的思惑から不当に提供を拒んではならない。

　有利・不利な情報も公表し、市民の判断に委ねるのがベストの選択である。住民投票の直前に公表したとの批判があるが、住民投票の直前であるからこそ、市民が適正な判断をするデータを提供しなければならない状況にあった。

　実際、市主催の説明会は、都構想のメリットだけで、特別区財政の実態はわからないという、市民の不満は充満していた。この要求に応えるのは本来、市長であるがなんらの行動もおこさなかった。

　財政局がこの市民の要求にこたえるのは、立派な市民サービスであり、褒められることがあっても、処分されることがあってはならない。市長が不利なデータを公表したとの処分は、きびしく批判されるべきである。

注
(1) 嘉悦大学調査への批判については、高寄・前掲「大阪市廃止の悲劇」89 ～ 92 頁参照。
(2) 2020.10.26・毎日新聞。
(3) それでも川嶋市議は、2019 年 12 月の法定協議会でも、特別区財政の行政コストの正確な算出を求めたが、維新の横山英幸府議は「行政コストが 200 億円増えるといわれても根拠がないからわからない。過度な不安でしかなく、建設的な提案になっていない」と一蹴。松井市長も「府と市で一元化になることで新たな財源を生み出してきている。そもそも論に戻るから一々言う必要はない」などと無視し、法定協議会ではまともな議論がなされていないまま、法定協議会は法定協定書をまとめた。2020.11.11・毎日新聞。しかし、この軽率な対応が、財政局交付税分割方式数値となって表出し、大阪維新に打撃をあたえることになるとは、だれもが予想できなかった。いずれにせよ賛成派の強引な運営で策定された法定協定書は、2020 年 7 月、総務省は「特段の意見はない」と承認した。特別区設置

法と同様に政治的配慮の結論であった。しかし、毎日新聞の取材に「特別区の財政がなりたつかどうかについて、お墨付きを与えるものではない」と説明している。同前毎日新聞参照。結局、国・府・市のいずれの行政機関も、さわらぬ神に祟りなしで、特別区財政分析に介入しなかった。そして特別区財政推計としては、副首都推進局の減量経営推計と嘉悦大学推計だけで、大阪維新に有利な推計だけであった。住民投票直前になってマスコミが動きだすことになる。

(4)(5)2020.10.15・朝日新聞。

(6) 大阪特別区財政の劣化・悪化については、高寄・前掲「大阪市廃止の悲劇」57〜84頁参照。

(7) 東京・大阪特別区の財政力格差については、同前104〜120頁参照。

(8) 財政収支をめぐる松井市長と財政局との対立について、同前45・46頁参照。

(9)2020.10.16・毎日新聞夕刊。(10)(11)2020.12.24・朝日新聞。

(12) この公文書破棄処分の問題は、11月11・18日の市会で取り上げられた。毎日新聞記者と財政課長とのメール交信で、この交信記録を財政局長・部長・課長で共有したので公文書と認識したが、市会で問題となったので、中村課長は「(記事が)共作とおもわれるないかとの恐怖心にかられた」(2020.12.25・朝日新聞)ので画像の一部を破棄した行為が問題となった。

(13) 〜 (16) 2020.12.24・朝日新聞。(17) 2020.12.25・朝日新聞。

(18) 2020.10.30・朝日新聞。(19) 2020.12.24・朝日新聞。

参考文献

高寄昇三『住民投票と市民参加』1980 年 勁草書房

兼子仁『地方自治』1984 年 岩波書店

大都市制度史編さん委員会『大都市制度史』1984 年　岩波書店

『市民自治と直接民主制』1996 年　公人の友社

今井一『住民投票』2000 年　岩波書店

高寄昇三『虚構・大阪都構想への反論・橋下ポピュリズムと都市主権の対決』2010
　　年 公人の友社

高寄昇三『大阪都構想と橋下政治の検証。府集権主義への批判』2010 年 公人の友
　　社

橋下徹・堺屋太一『体制維新ー大阪都』2011 年 文芸春秋社

有馬晋作『劇場型首長の戦略と功罪』2011 年　ミネルヴァ書房

新聞うずみ編『都構想の嘘と真』2012 年 宝島社

藤井聡『大阪都構想が日本を破壊する』2015 年 文芸春秋社

天野巡一『自治体政策と訴訟法務』2018 年 ぎょうせい

高寄昇三『近代日本都市経営史・上巻』2019 年 公人の友社

高寄昇三『大阪市廃止と生活行政の破綻』2020 年 公人の友社

高寄昇三『「大阪市廃止」悲劇への構図』2020 年 公人の友社

吉村洋文・松井一郎・上山真一『大阪から日本は変わる・中央集権への突破口』
　　2020 年 朝日新書

【著者紹介】

高寄　昇三（たかよせ・しょうぞう）

1934年神戸市に生まれる。1959年京都大学法学部卒業。
1960年神戸市役所入庁。
1975年『地方自治の財政学』にて「藤田賞」受賞。
1979年『地方自治の経営』にて「経営科学文献賞」受賞。
1985年神戸市退職。甲南大学教授。
2003年姫路獨協大学教授。2007年退職。

著書・論文

『市民自治と直接民主制』、『地方分権と補助金改革』、『交付税の解体と再編成』、『自治体企業会計導入の戦略』、『自治体人件費の解剖』、『大正地方財政史上・下巻』、『昭和地方財政史　第1巻〜第5巻』、『政令指定都市がめざすもの』、『大阪都構想と橋下政治の検証』、『虚構・大阪都構想への反論』、『大阪市存続・大阪都粉砕の戦略』、『政府財政支援と被災自治体財政』『自治体財政のムダを洗い出す』「ふるさと納税」「原発・大学誘致」で地方は再生できるのか』『神戸・近代都市の形成』『近代日本都市経営史上巻』『大都市問題の専門家が問う・大阪市廃止と生活行政の破綻』(以上公人の友社)、『阪神大震災と自治体の対応』、『自治体の行政評価システム』、『地方自治の政策経営』、『自治体の行政評価導入の実際』『自治体財政破綻か再生か』(以上、学陽書房))、『明治地方財政史・Ⅰ〜Ⅴ』(勁草書房)、『高齢化社会と地方自治体』(日本評論社)など多数。

地方自治ジャーナルブックレット No.72

脱法的〈大阪都構想〉と「大阪市」形骸化の危機

住民投票勝利の総括

2021 年 1 月 28 日　第 1 版第 1 刷発行

著　者　　高寄昇三
発行人　　武内英晴
発行所　　公人の友社
　　　　　〒 112-0002　東京都文京区小石川 5-26-8
　　　　　TEL 03-3811-5701　　FAX 03-3811-5795
　　　　　e-mail: info@koujinnotomo.com
　　　　　http://koujinnotomo.com/
印刷所　　倉敷印刷株式会社

ISBN978-4-87555-856-9

図解・こちらバーチャル区役所の空き家対策相談室です
空き家対策を実際に担当した現役行政職員の研究レポート
松岡政樹
著 松岡政樹 2,500円

図解・空き家対策事例集
「大量相続時代」の到来に備えて
松岡政樹
著 松岡政樹 2,000円

縮小時代の地域空間マネジメント
ベッドタウン再生の処方箋
監修・著 長瀬光市
著・縮小都市研究会 2,400円

バックパッカー 体験の社会学
日本人の若者・学生を事例に
著 萬代伸也
解説 多田治・須藤廣 2,200円

「大阪都構想」ハンドブック
「特別区設置協定書」を読み解く
編著 大阪の自治を考える研究会 909円

とことん真面目に大阪都構想の「真実」を語る！
大阪市会議員川嶋広稔の
著 川嶋広稔 909円

非常事態・緊急事態と議会・議員
自治体議会は危機に対応できるのか
著 新川達郎・江藤俊昭 2,700円

NPOと行政の協働事業マネジメント
共同から「協働」により地域問題を解決する
矢代隆嗣 2,200円

住民論
統治の対象としての住民から自治の主体としての住民へ
渡部朋宏 3,200円

出版図書目録

- ●ご注文はお近くの書店へ
- 小社の本は、書店で取り寄せることができます。
- ●直接注文の場合は電話・FAX・メールでお申し込み下さい。
- （送料は実費、価格は本体価格）